很美很美的烧脑书

世界智力开发
经典题、黄金题、关键题

杨易◎主编

天津出版传媒集团
天津科学技术出版社

图书在版编目（CIP）数据

很美很美的烧脑书：世界智力开发经典题、黄金题、关键题：全4册/杨易主编．——天津：天津科学技术出版社，2022.10
 ISBN 978-7-5742-0548-2

Ⅰ.①很… Ⅱ.①杨… Ⅲ.①智力游戏 Ⅳ.① G898.2

中国版本图书馆 CIP 数据核字（2022）第 173501 号

很美很美的烧脑书：世界智力开发经典题、黄金题、关键题
HENMEIHENMEI DE SHAONAOSHU SHIJIE ZHILI KAIFA JINGDIANTI HUANGJINTI GUANJIANTI

策划人：	杨 譞
责任编辑：	杨 譞
责任印制：	兰 毅
出 版：	天津出版传媒集团 天津科学技术出版社
地 址：	天津市西康路 35 号
邮 编：	300051
电 话：	（022）23332490
网 址：	www.tjkjcbs.com.cn
发 行：	新华书店经销
印 刷：	德富泰（唐山）印务有限公司

开本 880×1 230　1/32　印张 16　字数 280 000
2022 年 10 月第 1 版第 1 次印刷
定价：148.00 元（全 4 册）

前言
PREFACE

　　游戏和学习对于孩子而言，都是不可或缺的，而智力游戏则可以将二者完美结合。玩智力游戏是锻炼思维、提升智力的有效办法之一。今天，全世界聪明的孩子都在智力游戏的世界里无限地开拓着自己的思维和潜能。在课余时间玩玩拼图形、移火柴、填数字和推理、想象、计算等各种游戏，既能玩得开心，又能受到有益的启迪；既能把课堂上学到的知识运用到游戏当中，又能使课堂所学得到相应的补充，潜移默化中便提高了思考、判断、推理和记忆等能力。

　　本书从培养动脑好习惯的角度出发，精选300多道趣味性、故事性、互动性兼具的世界智力开发经典题、黄金题、关键题，鼓励孩子以智多星的身份参与到故事当中去解决问题。通过完成题目中的任务，便可以使思维高速运转起来，不断提高观察力、判断力、计算力、想象力、推理力、创造力等各种能力，并收获冲破思维局限后的快乐和满足。

高智商是训练出来的！本书中的智力开发题，既有趣又有创意，自带故事性与神秘感，能大大激发孩子勇闯难关的兴趣。每页一题，答案可随手翻到，再配上色彩鲜明、风格独特的绘画和插图，让孩子越玩越聪明，从而在今后的学习和生活中能勇敢面对各种难题。

翻开本书，即将开始一场头脑风暴，而合上书，已经历了一次超值的智慧之旅。小读者们，你更擅长哪一类智力游戏？谁是最聪明的学生？大家来比比看吧。

目录
CONTENTS

世界上超有创意的思维游戏

- *01* 油漆窗户 2
- *02* 麦秆提苏打水瓶 3
- *03* 鱼缸 4
- *04* 五角星上的硬币 5
- *05* 神奇的风筝 6
- *06* 书 7
- *07* 冰激凌棒 8
- *08* 牙签 9
- *09* 绳索 10
- *10* 邮票 11
- *11* 五金店 12
- *12* 1角硬币 13
- *13* 箭头 14
- *14* 糖块儿 15
- *15* 钞票 16
- *16* 扑克牌 17
- *17* 书蛀虫 18
- *18* 几何 19

19	飞船 20	34	警察 35
20	射箭 21	35	爱吃醋的丈夫 36
21	纽扣 22	36	自行车 37
22	链子 23	37	推理 38
23	立方 24	38	网球 39
24	动物 25	39	钉子 40
25	十字路口 26	40	古董 41
26	杯垫 27	41	苍蝇 42
27	圆圈 28	42	赛马 43
28	神谕古文石 29	43	小甜饼 44
29	卡车 30	44	喇叭 45
30	瓶子(1) 31	45	钱包 46
31	X射线 32	46	徽章 47
32	青蛙 33	47	游戏者 48
33	细长玻璃杯 34		

世界上超神奇的思维游戏

01	盘子 50		*15*	惩罚 64
02	火柴 51		*16*	开商店 65
03	国际象棋 52		*17*	弹孔 66
04	老水手 53		*18*	卖车 67
05	名字 54		*19*	扑克牌与日历 68
06	家庭 55		*20*	铁圈枪 69
07	保险箱 56		*21*	计算机 70
08	面积和周长 57		*22*	绳梯 71
09	父亲和儿子 58		*23*	瓶子(2) 72
10	瓶塞 59		*24*	加法 73
11	长角的蜥蜴 60		*25*	度假 74
12	数字 61		*26*	魔力商店 75
13	纸牌 62		*27*	替换数字 76
14	车厢 63		*28*	吹泡泡 77

29	置换	78		38	灵长类动物	87
30	狂欢大转盘	79		39	纸块儿	88
31	小费	80		40	铁匠	89
32	蜂箱	81		41	热狗	90
33	城堡	82		42	神奇的三角形	91
34	弹子	83		43	思考帽	92
35	气球	84		44	影星	93
36	葡萄酒	85		45	小雕像	94
37	牌点	86		**答案**		95

世界上
超有创意的
思维游戏

油漆窗户

　　上图是一个商店的窗户,它的高和宽都是2米。这个商店的油漆工想把它的一半面积漆成蓝色,而同时要留出一个无漆的正方形。那么,他是怎么做的呢?

(答案在96页)

麦秆提苏打水瓶

这里有一个考验你技术的难题。你必须把一个空苏打水瓶从桌子上拎起来,但是你只能用一只手和一根麦秆。做游戏时,要遵守以下两个规则:不能把麦秆系成结;麦秆不能和瓶子外的任何部分接触。

(答案在96页)

鱼缸

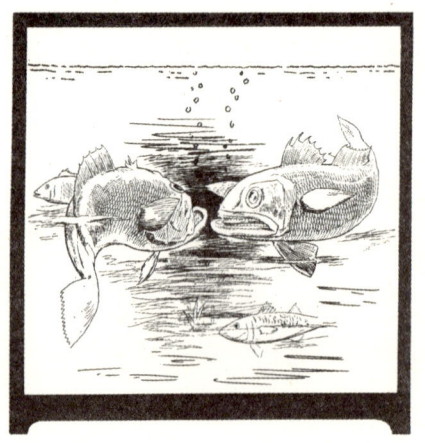

上图中的鱼缸已经注满了水。如果不用测量杯或者测量棒,你能否把水从鱼缸中倒出并使水平面正好处于鱼缸的正中间呢?这个办法比你想得要简单!

注意:这个游戏也可以用一个玻璃杯来进行,这样溅出来的水会比较少。

(答案在 97 页)

04 五角星上的硬币

将除8号硬币之外的9枚硬币放在五角星的各个位置上。游戏的目的就是除1枚硬币外把其他硬币从五角星上拿下来。拿硬币时，必须用另一枚硬币沿着线从它的上面跳过去，这个硬币跳过去的地方

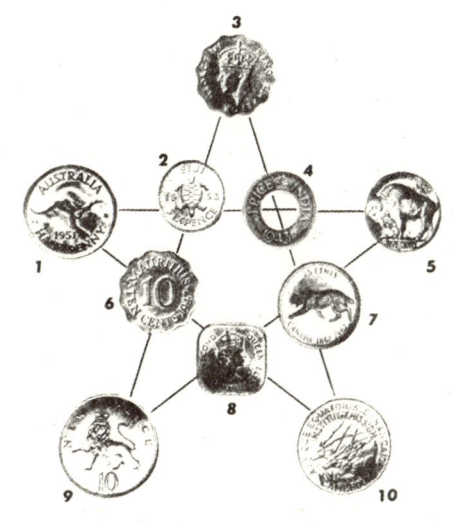

必须是没有硬币的地方（这种移动硬币的方法与跳棋的跳法相同）。

如果你可以在15分钟内做完游戏，那么，说明你的水平很高。

（答案在97页）

神奇的风筝

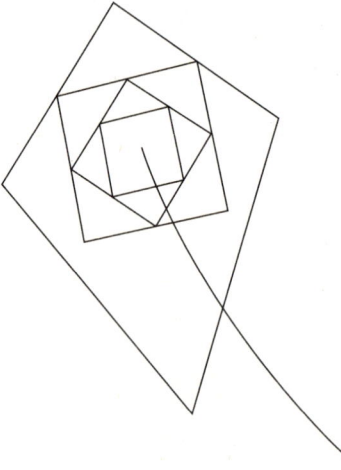

上图就是著名的"风筝思维游戏"。要做这个游戏,你得先画一个风筝。然后画一条线把风筝连接起来,但是必须一步完成(即用一条线连续画出)。线与线之间不能交叉,也不能重复出现。你必须从线团开始画,然后到风筝的正中央结束。

(答案在97页)

书

你可以用这个思维游戏来为难一下你的朋友们。把一根绳子在一本厚重的书上系一圈,然后将绳子的一端固定在门把手上,并使书悬挂在距地面30厘米的地方。你抓住书下面的绳子,然后对你的朋友们说,你可以随意把书上面或者下面的绳子拽断。这时,他们一定会大吃一惊的。你知道是如何实现的吗?

(答案在97页)

冰激凌棒

我们用4根冰激凌棒做一个带柄的高玻璃杯。杯中涂色的圆圈是一个多汁的樱桃。你要把樱桃从杯子里拿出来,但是只能移动其中的2根木棒的位置。你不能把樱桃拿走,而且必须保证杯子的形状不变。

(答案在98页)

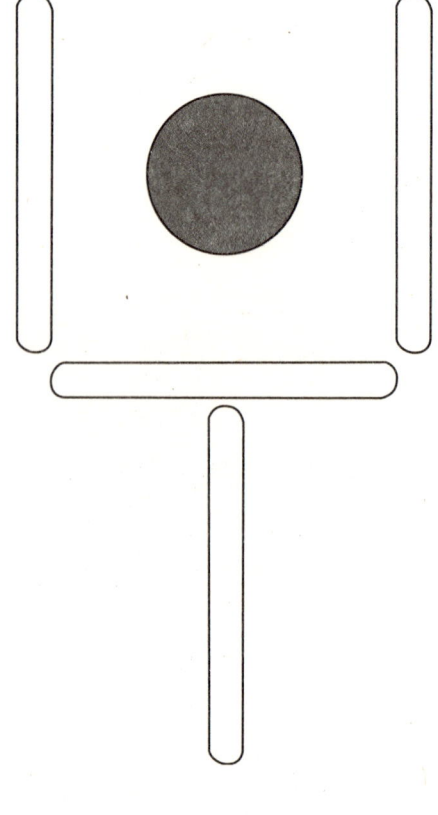

08 牙签

将8根牙签按照图中所示的样子摆放。再把一个纽扣当作眼睛放在方框内。

这时，突然我们的"牙签"金枪鱼看见了一条鲨鱼！它必须转身逃命。你能否将3根牙签和纽扣移动一下位置，使金枪鱼转到左边呢？

（答案在98页）

09 绳索

要和一个朋友一起做这个游戏。将绳子的两端松散地分别系在两个手腕上。当然,你的朋友也是这样,同时,套在你的那根绳子上。这样,两根绳子就连接在一起(如图所示)。

现在,你要和朋友分开,但是不能把结解开,不能割断绳子,也不能把手从绳圈内脱出。

图中所示的物品都是20世纪初发明的。请特别注意右上方的闪光灯和左下方的观剧镜。

(答案在98页)

邮票

这是一个很好的"邮票难题"。上图有 6 张来自世界各国的不同邮票，问题是如何将这些邮票摆成一个十字形。而且，要保证十字形的每条线都有 4 张邮票。

提示：1 张邮票可以同时在十字形的 2 条线上。

（答案在 99 页）

11 五金店

下图中的4个人是老本宁顿五金新店的户主。上周他们搬进了他们在弗莱尔·布莱尔庄园购买的房屋里。这个庄园由9个单元组成,它们十分漂亮。户主们到五金店购买施工人员忘记在每个单元都应该安装的东西。每一个价值1元,而8也只花1元;16要花2元;如果顾客需要150,则一共要花3元;如果订购300,顾客也只需支付3元。最后,顾客一共花了4元,并买到各自想要的东西开开心心地离开了。

那么,这几个顾客买了什么东西呢?

(答案在99页)

1角硬币

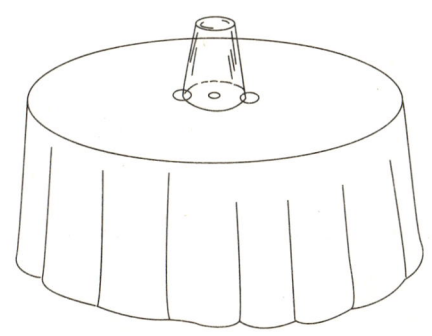

这还有一个让你看起来"不可能"解决的思维游戏。首先,在铺好桌布的桌子上放1枚1角硬币;然后,在这枚硬币的两边各放1枚1元硬币,再将1个倒置的玻璃杯放在这2枚硬币的中间位置上。玻璃杯放好之后的样子要和上图一致。好了,现在做游戏!你必须把那枚1角硬币从玻璃杯底下移出来,但是不能移动玻璃杯或者那2枚1元硬币。而且,你也不能借助其他东西将1角硬币从玻璃杯下面推出来。该怎么做呢?

(答案在99页)

13 箭头

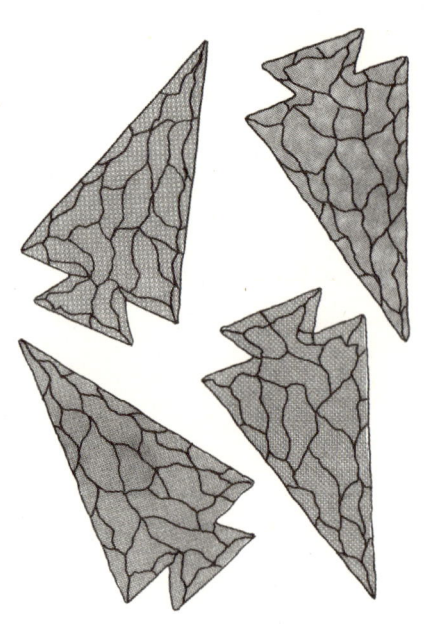

　　有一种办法可以只通过移动位置就能将这 4 支印第安箭头变成 5 支。你有什么好办法来解决这个难题,请想一想。

(答案在 99 页)

14 糖块儿

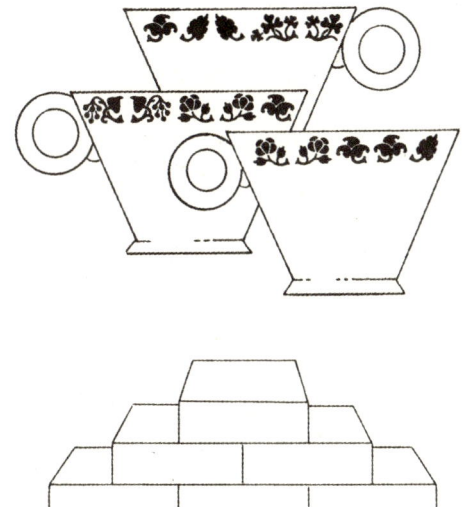

这个有关糖的思维游戏会让你的朋友遇到一些小麻烦。在桌子上放6块糖以及3个茶杯。做游戏者需要做的是将这6块糖按下面的方式放入茶杯中：每个茶杯内的糖块儿必须是奇数，而且这6块糖都必须用上，也不能有任何损坏。

（答案在100页）

15 钞票

你的右手拿着1元的钞票,并与胸口平行。另一个人用拇指和食指夹在钞票的中间部位,并与钞票的距离保持在2厘米左右,他的手不能接触钱币。然后,告诉他如果你放手的话,钞票会从他的两个手指之间掉下去,而且他肯定抓不住。这个听起来是不是很简单呢?

(答案在100页)

16 扑克牌

把10张扑克牌放在桌子上并且排成一排。从任意一张扑克牌开始,先拿起来然后把它向左或者向右移动,越过2张扑克牌后放在第3张扑克牌上。这样,两张扑克牌就放在一起,成为一对。接着,再拿起另外一张扑克牌,然后向左或者向右越过相邻的两张扑克牌(遇到成对的扑克牌视为一张)并把它放在第3张单独的扑克牌上。如此继续,要求最后桌子上出现5对扑克牌。

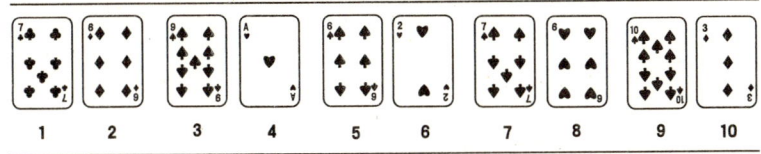

(答案在100页)

书蛀虫

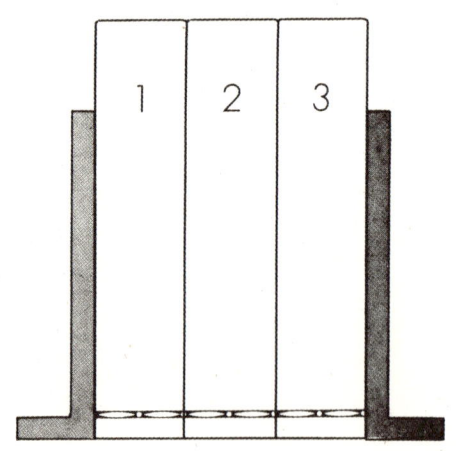

"贪婪的书蛀虫"游戏很早就有了,而且非常有意思。书架上有一套思维游戏书,共3册。每册书的封面和封底各厚0.2厘米;不算封面和封底,每册书厚2厘米。现在,假如书虫从第一册的第一页开始沿直线吃,那么,到第3册的最后一页需要走多远?

(答案在100页)

18 几何

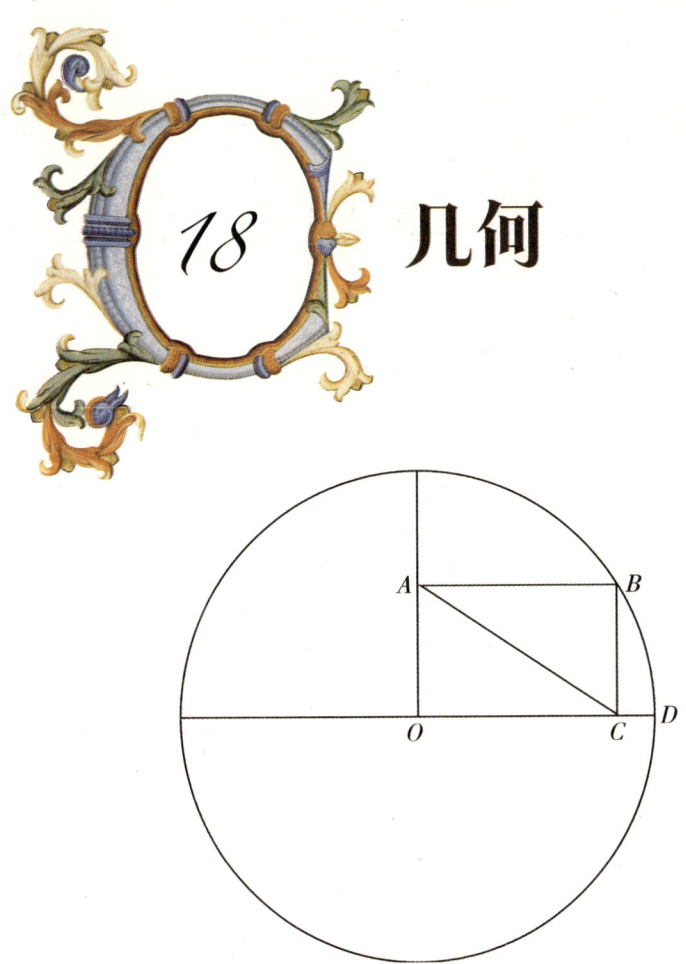

这是一个很好看的几何思维游戏,而且要比想象的简单。上图中,圆圈的中心点是 O,∠AOC 是 90°,线段 AB 与线段 OD 线平行,线段 OC 长 12 厘米,线段 CD 长 2 厘米。你要做的是计算线段 AC 的长度。

(答案在 101 页)

19 飞船

这艘飞船正从月球飞回地球。下图所示的就是前进舱指挥舰板的平面图。伯肯舰长每个小时都会巡视飞船。他将检查从 A 到 M 的每一个走廊,而且只检查一次。但是,通过外走廊 N 的次数不限。同时,进入 4 个指挥中心(1 号、2 号、3 号和 4 号)的次数也不受限制。最后,他总是在 1 号指挥中心结束他的检查。请你把舰长的检查路线展示出来(起点可以从任一指挥中心开始)。

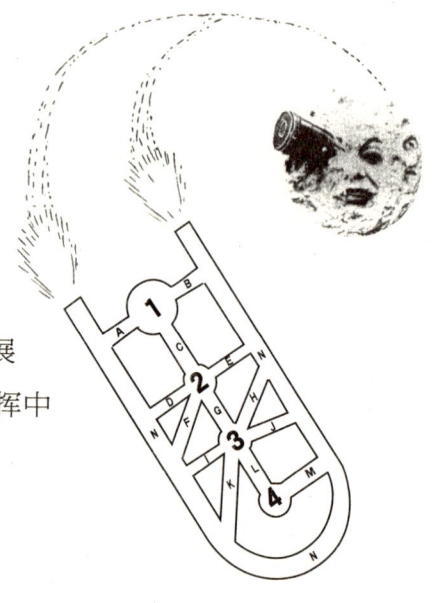

(答案在 101 页)

射箭

费尔图克曾就一道古老的射箭难题向罗宾汉挑战。他把 6 支箭射在靶子上,这样他的总分就刚好达到 100 分。看样子,费尔图克好像知道答案而且可以摘得奖牌了。

提示:有 4 支箭射在了相同的靶环上。

(答案在 101 页)

21 纽扣

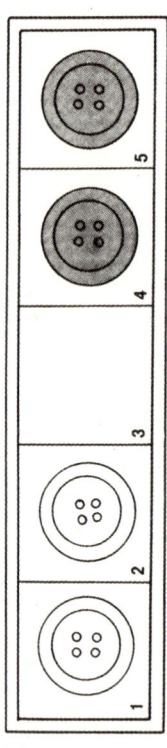

这是一道非常有趣的"替代类型"的思维游戏。进行这个游戏时,你只需要准备2个浅色的纽扣、2个深色的纽扣以及图中所示的游戏棋盘。现在,你必须把这些纽扣交换位置,但是只能移动8次。浅色的纽扣要移到右边,而深色的纽扣则移到左边。纽扣可以滑到邻近的空位置内。你也可以把一个纽扣从另一个纽扣上跳过去。但是,跳过去的位置上不能有其他的纽扣。

(答案在101页)

22 链子

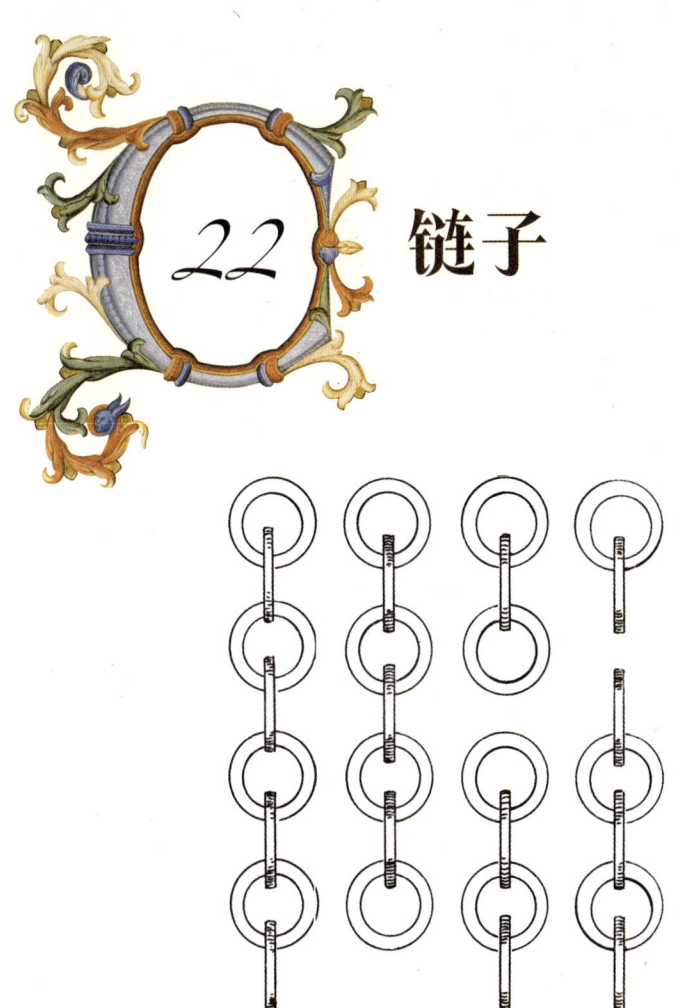

一个人有 6 条链子,他想把它们连成一条有 29 个节的链子。他去问铁匠这个需要花费多少钱。铁匠告诉他打开一个环要花 1 元,而要把它焊接在一起则要花 5 角。请问,铁匠做这条链子最少要花多少钱?

(答案在 101 页)

23 立方

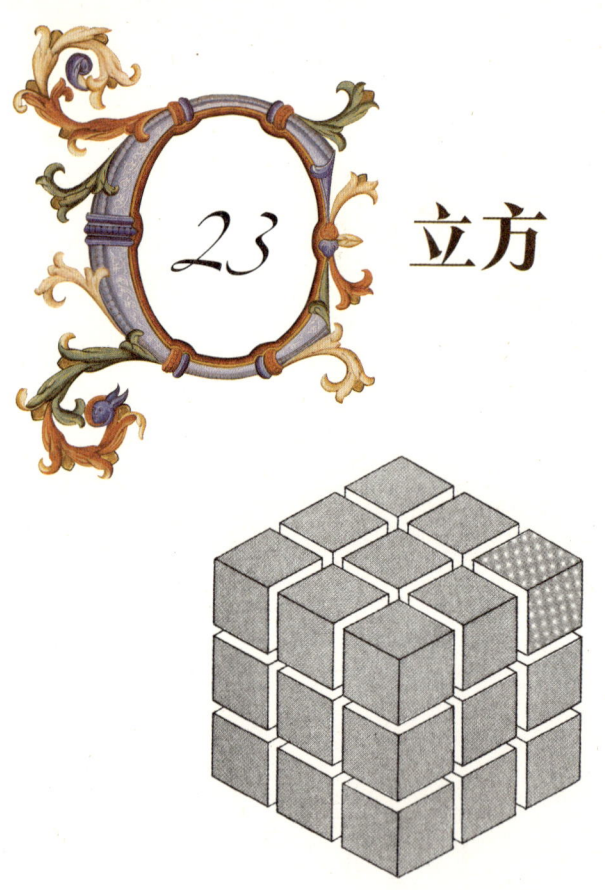

在把立方分成 27 个小立方体之前,先把它的 6 个面涂成蓝色。然后,检测你自己能否回答出以下有关这 27 个小立方体的问题:

(1) 这个立方体的 3 个面蓝色的小立方体有多少个?

(2) 这个立方体的 2 个面蓝色的小立方体有多少个?

(3) 这个立方体的 1 个面蓝色的小立方体有多少个?

(4) 这个立方体的无色小立方体有多少个?

(答案在 102 页)

24 动物

这是一个有关管理员的游戏,它来自非洲的肯尼亚。有个管理员决定计算一下公园里的狮子和鸵鸟的数量。出于某种原因,他是通过计算这些动物的头和腿的数目来统计动物数量的。最后,他算出一共有35个头和78条腿。那么,你知道公园里分别有多少狮子和鸵鸟吗?

(答案在102页)

25 十字路口

假设拿破仑正站在十字路口。一天晚上,一个十字路口的路标被供给马车破坏了。拿破仑军中没有人能把路标放好并使它指向正确的方向。拿破仑沉思片刻之后,发布了命令并把路标放回到了原处。但是,拿破仑以前不曾到过这个十字路口,那么,他是如何做到的呢?

(答案在102页)

26 杯垫

按照图中的样子在桌子上放 6 个圆形的饮料杯垫。这几个杯垫必须相互紧挨。现在,你必须把它们重新排列,形成一个"完整的"圆,但是你只能移动其中的 3 个杯垫,并且每个杯垫只能移动一次。

(答案在 102 页)

27 圆圈

如果你想找出一个圆圈的中心点,那么你只需要一支铅笔以及一张比这个圆圈大的正方形纸板。如何操作呢?这个做起来要比看起来简单!你有5分钟的时间寻找解决方法。

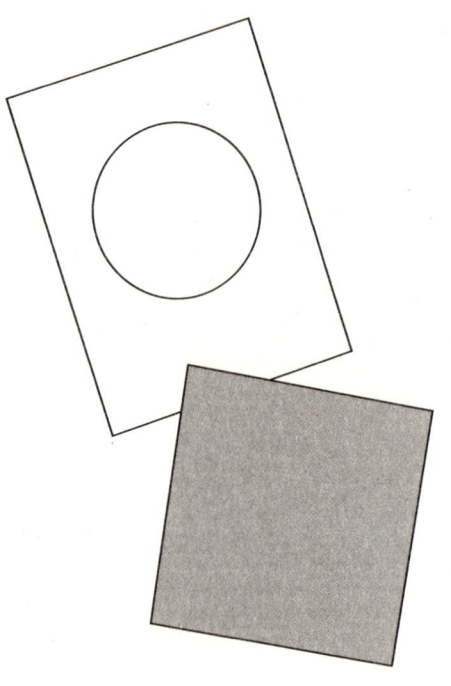

(答案在103页)

神谕古文石

这块"神谕古文石"是在冰岛的胡萨威克发现的,它曾经吸引很多考古学家前来研究,直到有个上学的小男孩告诉他们那不过是个赝品而已,考古学家们才恍然大悟,原来上面描述的正是一个著名的思维游戏。凿在石头上的是9个秘密字母。右图中的第6个字母(即中间那行第3个字母)故意没有完成。这个游戏就是要猜出来那个字母是什么。而你只有先确定其他字母所代表的事物,才能把那个字母猜出来。

提示:所有字母都有一个共性。

(答案在103页)

29 卡车

有名卡车司机在警察举旗示意下停下来,警察要检查卡车是否超载。当司机把车开到量重器上后,他从驾驶室跳下来,然后拿起一根木棍敲打卡车的一边。一个旁观者不解地问他为什么要这样做。

"是这样,"他回答,"我的卡车里装了2000千克的金丝雀。我很清楚,卡车会超载,但是,如果我使鸟在车里飞起来的话,那么秤上就无法显示它们的重量了。"

请问,司机说得对吗?如果车内的鸟保持飞的状态,那么卡车的重量真的会比鸟栖止于卡车上时的重量小吗?

(答案在103页)

瓶子(1)

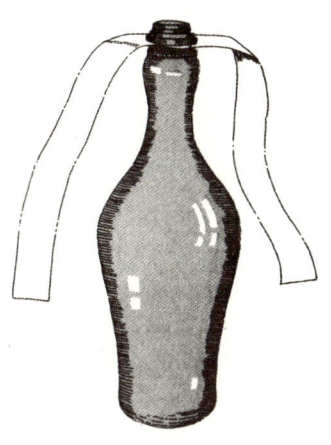

把一个空瓶子垂直放在桌子上。然后，剪一个 2 厘米宽、30 厘米长的纸带，按照上图的样子将纸带放在瓶口。在纸带上瓶口处放 4 枚硬币：先放 1 枚 1 元硬币，然后是 1 枚 5 角硬币，接着是 2 枚 1 角硬币。现在，大家来试试在保持硬币平衡的情况下把纸带移走。大家在进行游戏时，既不能接触硬币也不能触摸瓶子，唯一可以接触的就是纸带。

（答案在 104 页）

31 X 射线

你先转过身,然后任意请1个人把1枚硬币正面朝上放在桌子上。接着,让他将一张空白的纸放在硬币上。现在,转回身,并宣称你要运用你的超能力看穿这张不透明的纸,然后读出这枚硬币上面的日期。这枚硬币自始至终都是完全被遮盖的。如果想使游戏更有趣,你可以建议进行下面所介绍的规则:如果你可以正确读出日期,那么,你将得到这枚硬币;如果你失败的话,那么,对方将得到这枚硬币。

(答案在104页)

32 青蛙

一口井深 3.5 米,青蛙每天可以向上爬 1 米,当晚上休息时,就会滑落 0.6 米。那么,如果按照这个速度向上爬的话,这只青蛙需要用几天的时间才能从那口井里爬出来呢?

(答案在 104 页)

33 细长玻璃杯

下图中有两个细长玻璃杯。大玻璃杯的杯口直径和杯身高度正好是小玻璃杯的 2 倍。现在要做的就是把小玻璃杯当作度量器将大玻璃杯装满水。先把小玻璃杯装满水,然后把水倒进大玻璃杯。那么,我们需要多少次才能把大玻璃杯装满水?

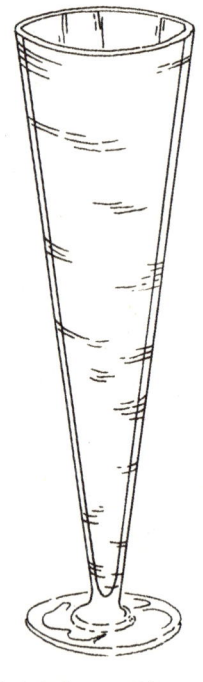
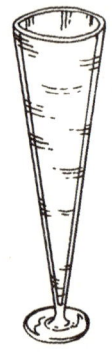

(答案在104页)

34 警察

在世纪之交,奥拉夫·安德森成为一名小城市的警察。他的任务是巡逻这个城市的 6 个正方形街区。作为一个尽职尽责的警察,他希望在巡逻时找出一条可以一次把所有街区都巡视完的路线。答案中已经给出了他所制定的路线,我们认为那可能是最好的路线。但是,或许也有一条更便捷的路线,所以在查看答案之前请你来试一试。

(答案在 104 页)

35 爱吃醋的丈夫

3个爱吃醋的丈夫在和他们的妻子旅游时发现渡河的船只能容纳2个人。但是,每个丈夫都极力反对自己的妻子和其他2个男性成员中的任何一个人乘船渡河,除非自己也在场;同时,他们也不同意自己的妻子单独和其他男人站在河对岸。

那么,应该如何安排呢?记住,尽管船只能搭乘2个人,但是,其中的1个人必须把船划回来供其他人使用。

(答案在105页)

36 自行车

这个故事发生在自行车刚刚出现的时候。一天,有2名年轻的骑车人,贝蒂和纳丁·帕克斯特准备骑车到20千米外的乡村看望姑妈。当骑过4千米的时候,贝蒂的自行车出了问题,她不得

不把车子用链子拴在树上。由于很着急,她们决定继续尽快向前走。她们有2种选择:要么2人都步行;要么1个人步行,1个人骑车。她们都能以每小时4千米的速度步行或者以每小时8千米的速度骑车前进。她们决定制定一个计划,即在把步行保持在最短的距离的情况下,利用最短的时间同时到达姑妈家。那么,他们是如何安排步行和骑车的呢?

(答案在105页)

37 推理

这个游戏来自于澳大利亚,取两副扑克牌,一副扑克牌的背面是蓝色,而另一副是红色。然后,从扑克牌里挑选出4张,2张面朝上而另外2张面朝下(如右图所示)。现在,问题是:桌子上的每一张蓝色底面的扑克牌在其另一边都有一张K吗?

(1)

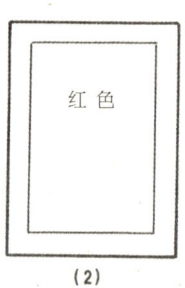

(2)

(3)

(4)

要解决这个难题,你可以将2张扑克牌翻过来。那么,你会翻哪2张扑克牌呢?

(答案在106页)

 # 38 网球

很多年以前,人们在闲暇时刻乡村俱乐部举行了一场盛大的泰迪·罗斯福混双网球锦标赛。一共有128对选手报名参加这项赛事。管理员撒迪厄斯·拉肯卡特熬了半宿才把赛程拟订出来。那么,你知道在冠军产生之前会进行多少场混双比赛吗?

(答案在106页)

39 钉子

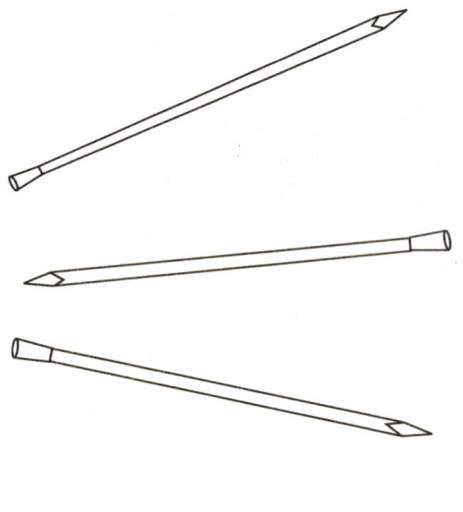

这个游戏来自一位老木匠。你必须重新排列这6根钉子,并使它们彼此相接触。这个看似简单,但是要注意:也许你在放弃之前就已经"结束"自己的尝试了。

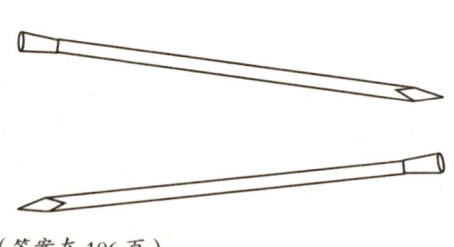

(答案在106页)

40 古董

有一天,古董商加尔文·克莱克特伯尔买了一个铸铁的喷水龙头:上面是一只鳄鱼,嘴里吞着一条鱼。他为这件绝妙的艺术品支付了90%的"账面"价值。第二天,一个收藏家看见后,说愿意支付高出他25%的费用将其买下。加尔文毫不犹豫地答应了,这样,他就从这笔交易中赚了105元。那么,你能根据这些实际情况推算出这件诱人的古玩的账面价值吗?

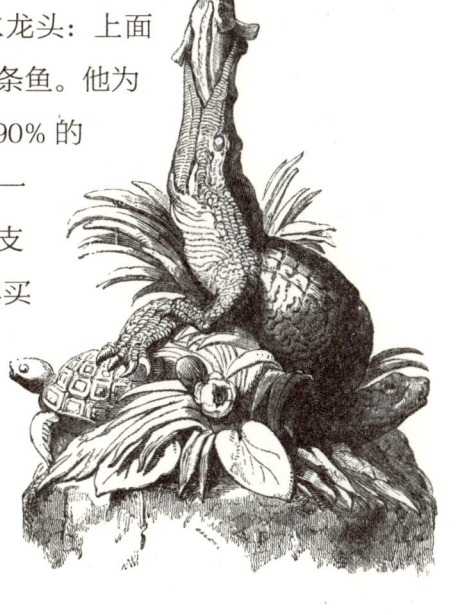

(答案在106页)

41 苍蝇

那只久经沙场的苍蝇已经在很多思维游戏当中出现过，这次它又来为难我们的读者了。它发现一块大理石的底座，并想从上面飞过。它准备从图中所示的这个立方体左下角的 A 点出发，然后到达立方体对面的右上角 B 点。这个立方体的每条边都长 60 厘米。那么，你能为这只苍蝇找出一条最短的路线吗？

（答案在 107 页）

42 赛马

两位喜爱运动的绅士决定进行一场赛马比赛,双方规定谁的马车先到终点线谁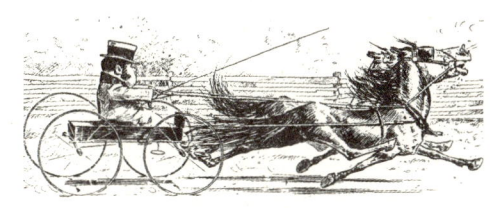将输掉比赛,而第二个到达终点线的马车才是获胜者。他们抽打自己的马向前跑,当跑出1000米的时候,马已经通身是汗了。在离终点线不远处,他们两人都开始减速,然后在距终点线只剩100米的地方停下来。想到先前的约定,两人纷纷下车去跟一个在地里观看比赛的农民商量这件事。当这个农民听完他们的故事之后,就给他们提了个建议。而他们听完之后就跳进马车里开始在路上加速行驶,好像每个人都在争着第一个穿过终点线。

那个农民给他们提的建议绝不可能改变他们之前的约定,那么,你能猜出这个建议是什么吗?

(答案在107页)

43 小甜饼

小阿里阿德涅收到妈妈亲手做的一包新鲜小甜饼,她的4个朋友提醒阿里阿德涅以前她们带的小甜饼也曾和她分享过,现在也该她反过来回赠她们了。她不情愿地把其中的一半和半个甜饼分给了她的朋友劳拉;然后把剩下的一半甜饼和半个甜饼分给了梅尔瓦;接着,她又把剩下的一半甜饼和半个甜饼分给了罗伦;最后,她把盒子里剩下的一半甜饼和半个甜饼分给了玛戈特。这样,可怜的阿里阿德涅就把盒子里的甜饼都分了出去。

你能否计算出盒子里原来有多少小甜饼?顺便说一下,阿里阿德涅绝对没有把盒子里的甜饼切成或者掰成两半。

(答案在107页)

44 喇叭

葛鲁丘·马克斯有一年买了一个喇叭作为弟弟哈波的生日礼物。包装好之后,他把它带到邮局邮寄。

"对不起,马克斯先生,"邮局的职员说,"这个包装实在是太长了。邮局规定任何包装都不能超过 1.2 米,而这个包裹却长 1.5 米。"

无奈之下葛鲁丘把这个喇叭带回商店。店员把喇叭上的橡胶球拆掉了,可是即便如此,这个喇叭仍然长 1.35 米。这时,葛鲁丘想出来一个主意。他让他们用另一种方法把喇叭重新包装。当他再次到邮局时,喇叭的包装得到了认可,因为现在的包装符合要求。那么,他是怎么做的呢?请记住,这个喇叭既没有被截断也没有被弯曲。

(答案在 108 页)

45 钱包

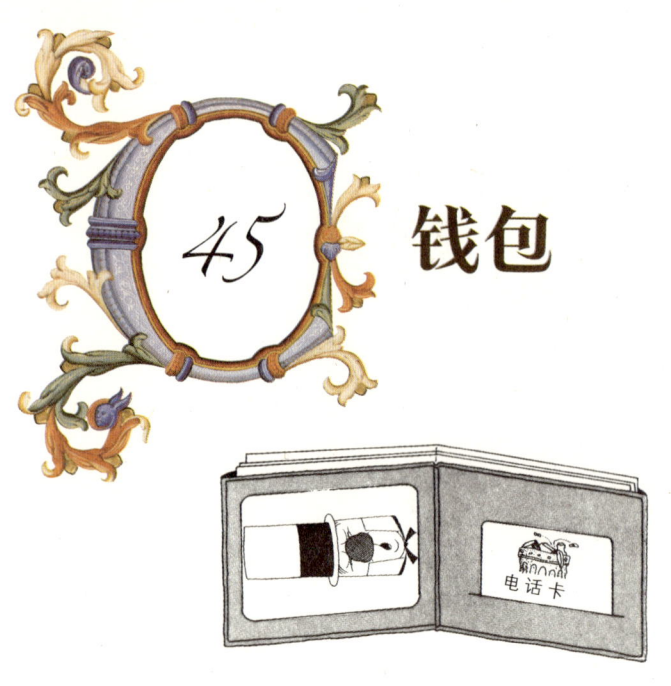

有一天,威拉德·古特罗克斯先生急匆匆地跑进警察局,大喊自己的钱包被盗了。

"现在要镇静,古特罗克斯先生,"安德森警察说,"有人刚刚交还了一个钱包,也许是你丢的,你能把里面的东西描述一下吗?"

"好的,"威拉德回答说,"里面有一张菲尔兹的照片以及电话卡。哦,对了,还有320元,共8张钞票,而且没有10元的钞票。"

"完全吻合,古特罗克斯先生。给,这是你的钱包。"

那么,你知道他钱包里有哪8张钞票相加之后正好是320元吗?

(答案在108页)

46 徽章

思维游戏起源于3000多年前的尼罗河流域。这里,我们关注的是那些石匠们正在抛光的智慧之神斯塔姆尤莫斯特的头像。他的头盔上的徽章就是有记载的最早的直线思维游戏。要解决这个题,你必须用一笔把这个饰有宝石的徽章画下来。在画的过程中,你既不可以把铅笔从纸上抬起来,也不可以使线条交叉在一起。

(答案在108页)

47 游戏者

"我找不到答案。你说这个难题要求把3个1、3个3、3个5、3个7这12个数字组成6个数字,使它们相加的结果等于20。这是个愚蠢的问题,没人愿意花时间把它想出来。现在,何不编一个好点儿的'找词语'题呢?"

"戈弗雷·丹尼尔!我为什么不是会计呢?"

这个游戏者的运气并不总是很好。但是,他的问题也没什么不好。欢迎读者朋友积极解答这个题。

(答案在108页)

世界上超神奇的思维游戏

01 盘子

马斯基林先生在旋转盘子

图中所示的那个人正是19世纪90年代著名的盘子旋转大师约翰·马斯基林。他可以同时使6个盘子和1个脸盆旋转5分多钟。现在,他有一个关于盘子的游戏等着你。他向你提出挑战:看谁能将盘子的中心点稳稳当当地放在针尖上,而这根针插在瓶口的瓶塞上。你可以利用4个叉子和2个瓶塞来完成这个看似不可能完成的表演。如果你能够正确使用,你就可以与马斯基林先生不相上下。把盘子平稳地放在针尖上后,就可以开始旋转这个盘子了。

(答案在109页)

02 火柴

"午餐真是好极了,贝提伯尔尼先生。那么,我们来看看谁付账,好吗?我敢说你不可能在桌子上把15根火柴摆成8个大小完全相同的正方形。所有的火柴都不可以重叠或者折断,同时,正方形里面不允许存在别的正方形。"

阿布丝诺·隆戈兹是这个游戏的改进者,现在他又开始玩这个游戏了。那么,你是否可以在可怜的贝提伯尔尼先生掏钱包之前完成这个很难的思维游戏呢?

(答案在109页)

国际象棋

上图中的米莉·赛克斯是国际象棋俱乐部的女服务员。她正在思考昨晚那个把所有人都难住的思维游戏。把皇后放在正方形棋盘上的一个角（如上图所示），你能否只走4步就可以使它经过棋盘左上角的全部9个方格呢？在你移动每一步棋时，你可以穿过任意多个方格，但是只能朝着一个方向移动。现在，试试看你能否在5分钟内把这个难题解答出来。

（答案在109页）

04 老水手

比利·特里劳尼是一名老水手。一天，他带了 100 元去南特基特，到了晚上带了 1500 元回到家。

他在水手和船桅服装店为自己买了一条领带，又在宾纳克宠物旅馆为他的鹦鹉买了一些鸟食。然后，他剪了头发。他的工资在每个星期四以支票的形式支付。银行在这个时候只是在周二、周五以及周六营业，理发店每个周六休息，而宾纳克宠物旅馆在周四以及周五不营业。你能否根据上面所说的情况判断出老比利是在星期几去镇上的吗？

（答案在 110 页）

05 名字

一天,尼德尔瓦勒先生骑自行车外出时碰到了一个老朋友。

"打上次见到你,现在都好几年了。"他说。

"是啊,"他的朋友回答说,"自从上次我们在缅甸见面之后,我就结婚了。这是我们的小女儿。"

"好漂亮的孩子,"尼德尔瓦勒先生问,"你叫什么名字?"

"谢谢您,先生,我和我妈妈同名。"

"哦,是吗,你和埃莉诺长得真像。"尼德尔瓦勒先生回答说。

尼德尔瓦勒先生是如何知道这个小女孩的名字的呢?

(答案在 110 页)

06 家庭

爷爷汤森曾经讲过这个故事。好像是在他的一次生日宴会上,当时有10位家庭成员,此外还有许多客人。其中,有1个祖父和1个外祖父、1个祖母和1个外祖母、3个父亲和3个母亲、3个儿子和3个女儿、1个婆婆和1个岳母、1个公公和1个岳父、1个女婿、1个儿媳、2个弟兄、2个姐妹。

那么,你能判断出参加祖父生日宴会的家庭成员的家庭关系吗?

(答案在110页)

07 保险箱

在犯罪记录上，没有哪个贼比纳库克拉斯·哈里伯顿更卑鄙。当他到别人家里行窃时，他会毫不犹豫地去偷孩子们的存钱罐。看着他在左图中的样子，就知道他肯定是历史上最矮的小偷了。他撬开保险箱偷走了125枚硬币，一共有70元。其中没有1角的硬币。那么，你能否判断出他偷走的是哪些硬币，而每枚硬币的面值又是多少吗？

（答案在110页）

面积和周长

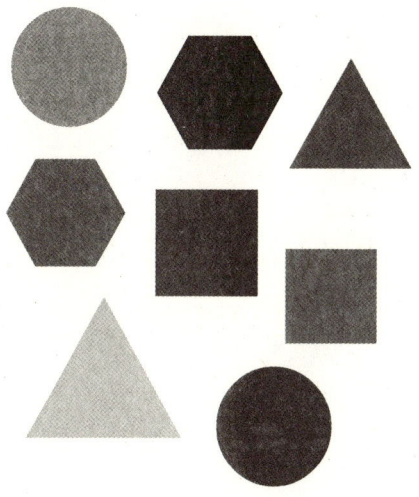

上面有 8 个图形，其中有 2 个圆形、2 个六边形、2 个正方形和 2 个三角形。这些图形中有 4 个图形面积相等，4 个图形周长相等。

请你分别把它们找出来。

（答案在 111 页）

# 父亲和儿子

父亲和儿子的年龄个位和十位上的数字正好颠倒,而且他们之间相差 27 岁。

请问父亲和儿子分别多大?

(答案在 111 页)

10 瓶塞

准备2个葡萄酒瓶的瓶塞，然后按照图1的样子把它们夹在手上（即：每个瓶塞都横着放在拇指的分岔处）。现在，用右手的拇指和

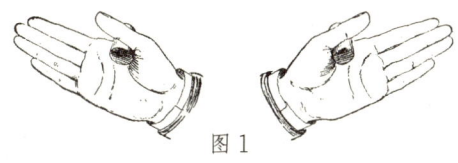

图1

图2

中指抓住左手上的瓶塞（两根手指抓住瓶塞的两端），与此同时，再用左手的拇指和中指抓住右手上的瓶塞，然后，把两个瓶塞分开。

上面的操作听起来很简单，但是初学者在尝试的时候会出现图2的情况。而这正是这个题要避免的，必须将2个瓶塞自然地分开。

（答案在111页）

11 长角的蜥蜴

北

伯沙撒是我们镇上的自然博物馆从某个地方得到的一只长角的蜥蜴,它十分神奇。工作人员特意把它放在爬行动物观赏大厅新建的一个圆形有顶的窝里。刚放下,伯沙撒就马上开始考察它的新领地了。从门口开始,它向北爬行了4米到达圆的边缘;然后,它急忙转身向东爬行了3米,这时它又到达了围栏边。那么,你能根据这些信息计算出它这个窝的直径吗?

(答案在112页)

12 数字

解决了这个题,你就可以在润滑油补给站免费获得润滑油!

让我们来看看你是否有资格在润滑油补给站获得这份免费赠品。你所要做的就是将上图中数学表达式里的字母用数字代替,相同的数字必须代替相同的字母。竞赛的时限是 1 个小时。祝你好运!

(答案在 112 页)

13 纸牌

在很多年以前的棒球联赛赛场上,有这样一个做法,选手在参加完每场比赛之后都会得到报酬。而在早上的不多的时间里则会进行很多纸牌游戏,场面十分火爆。其中有一场有关来自海湾秃鹰队的4名选手的游戏。在一场棒球比赛中,这4个人——马尔文、哈维、布鲁斯以及罗洛要分享233元。比赛结束了,马尔文分得的钱比哈维多20元,比布鲁斯多53元,比罗洛多71元。请问这4名选手在那天早晨分别获得多少钱?

(答案在112页)

14 车厢

小时候,爸爸给我买了一列玩具火车作为我的生日礼物。除了火车配备的车厢之外,他又花了 20 元买了另外 20 个车厢。乘客车厢每个 4 元,货物车厢每个 0.5 元,煤炭车厢每个 0.25 元。那么,你能计算出这几种类型的车厢各有几个吗?

(答案在 113 页)

15 惩罚

"我是不会上当的,思罗克莫顿少爷!放学后,你不可以回家,直到你用奇数写出一个在数值上等于偶数的数字。现在,回教室扫地去!"

  思罗克莫顿能写出这个数字吗?彭尼帕克先生给了他一个很难的题。他只能利用1、3、5、7、9这些数字来写成这个数字。很显然,诸如333,753或者717这些数字都不是偶数。那么,你能帮助思罗克莫顿走出这个困境吗?

(答案在113页)

16 开商店

哈丽和桃瑞斯正在做开商店游戏。哈丽花了 3.1 元从桃瑞斯那里买了 3 罐草莓酱和 4 罐桃酱。那么,你能根据上面说的情况计算出每罐草莓酱和每罐桃酱的价钱吗?

(答案在 113 页)

17 弹孔

按照过去的西部观念,卡特尔·凯特称得上是位高人。她使用6发装左轮手枪的本领堪称传奇,这里我们看到的是她如何取胜的。她说她可以在扭转头的同时往墙上射12颗子弹,这12个弹孔排列成7行,每行4个弹孔;当然,某些弹孔将同时存在

于多个行列。钢琴师萨姆一点儿也不担心。那么,你认为弹孔在墙上是如何排列的呢?

(答案在113页)

18 卖车

啊,达芙妮,今天我终于把那辆破车卖掉了。原来我标价1100元,可没有人感兴趣,于是我把价钱降到880元,还是没有人感兴趣,我又把价钱下调到704元。最后,出于绝望,我再一次降价。今天一早,奥维尔·威尼萨普把它买走了。那么,你能猜出他花了多少钱吗?

(答案在113页)

19 扑克牌与日历

右图所示的就是18世纪时的扑克牌制造商,他是在街上叫卖他的产品。现在有人认为玩扑克牌纯粹是浪费时间。然而,一副扑克牌与一本日历有着很多相似之处。事实上,一副扑克牌至少在6个方面与日历有着惊人的相似之处。你能猜出几处相似之处呢?

(答案在114页)

20 铁圈枪

铁圈枪游戏以前曾经是最棒的娱乐方式之一,同时,这个游戏也花不了多少钱。这里我们看到的是奈德·索尔索特赢得的又一场比赛,对手是她的妹妹和威姆威尔勒家的男孩子们。奈德将25个铁圈打进靶槽里,且每个靶槽均有得分,一共得到500分。共有4个靶槽,每个槽内的分值分别为10、20、50、100。那么,你能算出奈德在每个靶槽内打进的铁圈数吗?

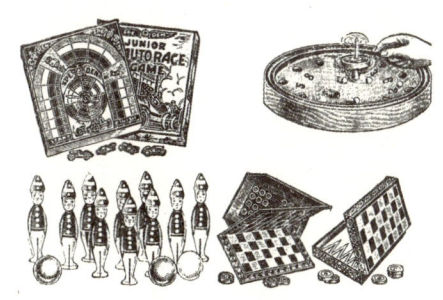

(答案在114页)

21 计算机

　　这道计算机题曾让有的人花费了好几个小时仍不得其解。问题是将1到9这几个数字排列成3行,并使第2行的3个数字相加的和比第1行的3个数字之和大3,而且使第3行的3个数字之和比第一行的3个数字之和大6。那么,请你试试看能否找到答案!

(答案在114页)

22 绳梯

一艘豪华巨轮于上周驶入纽约港,它的船体需要修理。一个绳梯从甲板放下,一直到达水面。绳梯的各条横档之间相距30厘米。当海水落潮时,水面上的横梯一共有50条横档。纽约港的水位每小时会上升15厘米。那么,你能计算出6个小时过后当海水处于高潮时水面上的横档的个数吗?

(答案在114页)

23 瓶子(2)

弗朗昆教授的一个学生将一个装着写有下面语句的便条的瓶子交给了他。他向这个博学的人挑战要解读著名的航海船长在这个便条上所写的这首诗中包含了什么：

"我现在指挥着这艘巨轮，船上装载着从世界各地运来的珍贵货物，这些东西我从来没有卖过；风也助我一臂之力，不管是港口还是海港，我最大的愿望就是能在上面自由奔跑。"

那么，你知道这位诗人船长是谁吗？

（答案在115页）

24 加法

"嗯……1＋2＋3＋4＋5＋6＋7＋8＋9＝45"

熊爸爸好像被它在佩尔特维利报上看到的一个思维游戏难住了。趁它还没有被烦透，我们来看看这个思维游戏吧：

下面所示的一行数字相加之后正好等于 45。那么，你能否在将其中一个加号改为乘号，使这行数字相加的值变成 100 呢？

（答案在 115 页）

25 度假

故事发生在1902年7月10日加利福尼亚的帕尔玛斯。在右图中的尤沙拉·亚伯克拉斯特是位社会名流,她来自纽约的切维格伦,她此时在时髦的帕姆克利夫酒店宴请其他的度假者。席间,她与大家共同分享了有趣的思维游戏以及她的世界各地朋友的故事。那么,你能解决这位女主人的难题吗?

"比那佛尔邦的女君主那天对我说你们美国人对思维游戏是如此的喜欢,那么,请你看看这个思维游戏:在S、H、O、N、I、X顺序之后应该是哪个字母呢?为什么?"

(答案在115页)

26 魔力商店

这是一个关于3份遗产的思维游戏。一位绅士临死前留下遗嘱,要将自己的遗产分给自己的3个仆人。会客室的那个仆人跟随主人的时间是女佣人的3倍,而厨师跟随主人的时间又是会客室那个仆人的2倍。遗产是按照跟随主人的时间来分配的。总共分出了7000元。那么,每个人各分得了多少遗产呢?

(答案在115页)

27 替换数字

当一位魔术师在装书的箱子里翻找时遇到了一个很麻烦的思维游戏,他想我们的读者或许会对这个思维游戏感兴趣。他手里拿的木板就是这个思维游戏。要解决这个思维游戏,你必须把全部圆点用1至9这几个数字代替,这样,其实就形成了一道数学题。上面没有数字0,同时,每个数字都只能使用一次。请你试一试,看能否在半个小时之内推算出这道题的答案。

(答案在115页)

28 吹泡泡

爷爷以前经常说他年轻时最快乐的一件事就是参加吹泡泡派对。派对上,每个人都发一个管,谁吹的泡泡最大或者谁一次吹出来的泡泡最多谁就可以获得奖品。当我问爷爷一次最多吹出来多少个泡泡时,他是这么回答的:

"我要把这个数字放在一个思维游戏里,年轻人!"

"如果在那个数字的基础上加上那个数,然后再加上那个数的一半,接着再加上7,我就吹出来32个泡泡。"

那么,你能根据他所说的提示计算出他究竟一次吹出来多少个泡泡吗?

(答案在116页)

置换

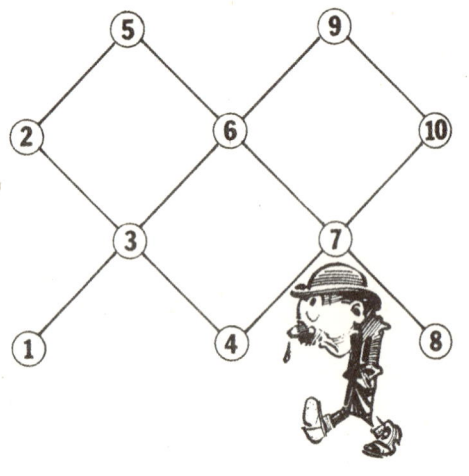

罗索姆·乔治虽然努力解题但仍无法得到答案,我们来帮帮他吧。将2枚1分硬币放在1号和2号位置,然后把2枚1角硬币放在8号和10号位置。我们只能通过18步把这4枚硬币交换位置。在移动硬币时,要遵循下面的规则:你一次可以将一枚硬币移动到任意一条直线上的任何一个带数字的圆圈之内;相同的硬币不能在某条直线上移动2次;不允许1分硬币和1角硬币同时停止在同一条直线上。以上就是规则。你有15分钟的时间来解答这个题。

(答案在116页)

30 狂欢大转盘

狂欢小丑英勒斯说得很对。这个老板是个非常固执的人。他总是把 1 到 11 这几个数字写在转盘上并使每条线上的 3 个数字相加后等于 18。那么,你能把这些数字正确填写吗?

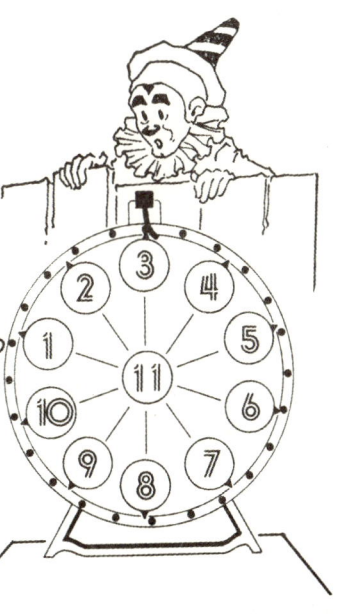

"老板好像真的快疯了。他们把数字放错地方了!"

(答案在 116 页)

31 小费

"迈克,分摊午餐小费时,你把我骗了!"帕特抱怨说。

"为什么,我还以为你很大方呢,帕特!"迈克回答说,显得十分无辜。

事情是这样的:午餐后,当他们分摊小费时,帕特给迈克的钱与迈克已经有的钱数相同。迈克说:"这太多了!"然后又还给帕特一些钱,这些钱与帕特所剩下的钱数相同。帕特说:"别,这也多了。"然后也还给迈克一些钱,这些钱与迈克现在所剩下的钱数相同。帕特现在一分钱也没留下,而迈克共得到 80 元。那么,他们在开始交换之前各自有多少钱?

(答案在 116 页)

蜂箱

上图中的蜜蜂正在设法将蜂箱中从 1 到 14 这几个数字重新排列。它们要使相邻的两个蜂房内的数字彼此不连续；同时，排列完之后，任意一个数字都不能与可以整除它的数字相邻（数字 1 排除在外）。

（答案在 116 页）

33 城堡

右图是山上城堡的布局图。城堡各个岗哨都用字母标注出来了，从图中可以看出所有的岗哨都与通道相连接。如果警察想一次检查完所有的岗哨并且最终回到出发点的话，那么，应该走什么路线呢？

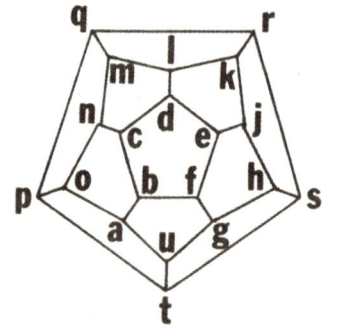

（答案在117页）

34 弹子

这两幅图所示的就是1908年夏天进行的著名北泽西对决,对阵的双方分别是"荷兰人"杜伯曼和"鹿角"卡拉汉,两个选手的弹子袋都是满满的。在奥兰治这两人的拇指功夫最高,现在终于可以一决高低了。比

赛开始时,两人的弹子数都相同。第一局,"荷兰人"的弹子数增加了20个,然而,在第二局和第三局,他损失了$\frac{2}{3}$的弹子。而"鹿角"的弹子数则是"荷兰人"的4倍。那么,你能计算出比赛过后,两人各有多少个弹子吗?

(答案在117页)

气球

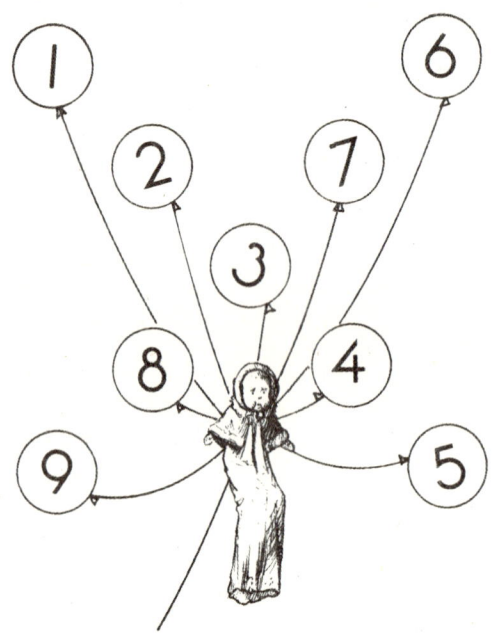

如图，你能将这些气球重新排列使十字线上的5个气球的数字相加之后的和都等于27吗？

（答案在117页）

36 葡萄酒

这个思维游戏为老巴克斯所独创。你若想参加他的派对，你就必须计算出这两个酒桶中各有多少酒。这两个酒桶分别贴有字母 A 和 B，而 A 桶的酒比 B 桶的酒多。

首先，将 A 桶中的酒倒入 B 桶，倒入的酒量与 B 桶的酒相等。然后，将 B 桶中的酒倒回 A 桶，倒入的酒与 A 桶中现有的酒相等。最后，再将 A 桶中的酒倒回 B 桶，倒入的酒与 B 桶中现有的酒相等。

这个时候，两个桶内都有 48 升的葡萄酒。那么，两个酒桶原来各有多少葡萄酒呢？

（答案在 117 页）

37 牌点

这是为数不多的多米诺骨牌思维游戏中的一个,而且你完全可以把它做出来。下图是4个空白的多米诺骨牌。你要做的就是按照下面的规则将18个点放在多米诺骨牌上:

4个多米诺骨牌的上半部分的点的总个数等于下半部分的个数。同时,第一个多米诺骨牌上的点数要等于最后一个牌的2倍。另外两个中的一个只有一个点,而另一个则有两个点(上下两部分各有一个)。有3个多米诺骨牌的上半部分的点数相同,有两个多米诺骨牌的下半部分的点数相同。

这听起来让人很迷惑,但是,我猜你用不了15分钟就可以解答这个题。

(答案在118页)

38 灵长类动物

现在是动物园的午餐时间,我们在灵长类动物的观看亭所听到的叫声是它们在抢香蕉的声音。管理员每天都会分给这 100 只灵长类动物 100 个香蕉。每只大猩猩有 3 个香蕉,每只猿有 2 个香蕉,而狐猴因为最小,只有半个香蕉。

你能否根据上面所给出的信息计算出动物园里的大猩猩、猿、狐猴各有多少只?

(答案在 118 页)

39 纸块儿

在电视机还没有出现前,晚上当人们围坐在餐桌前闲聊时,思维游戏就成了吃甜点之后最流行的娱乐方式。这里所说的就是"剪刀手"赛明顿向人们炫耀的三角题。他手里拿着一张等边三角形的纸,然后将它剪成 5 块;他随后把这些小块组成 4 个小的等边三角形(并不是所有的纸块儿在组成三角形时都会用上)。所有 5 个纸块儿都是三角形。你知道他是怎么剪的吗?

(答案在 118 页)

40 铁匠

时间要回到1776年,约克人蒂莫西是波士顿最好的铁匠。每次他做完一件酒杯,都会去路南边的布拉迪·马林·格罗格商店为这家店的老板解决高难度的思维游戏。后面长凳上放着一大块铁皮,蒂莫西把它切成5小块后组成了一个正方形。那么,你能推断出他是如何做到的吗?

(答案在118页)

41 热狗

如果你可以解决这个思维游戏,那么就可以免费得到一个热狗。

"你好,孩子们,这次我给你们带来另外一个莫尔博斯难题。我已经把13根热狗摆成了一只面朝西的狗。那么,你们能不能只移动其中的两根热狗使这只狗面朝东呢?那只狗的尾巴要保持向上翘。它的眼睛是1枚硬币,你可以自由移动。谁先做到谁就会得到涂了芥末酱的莫尔博斯热狗!"

(答案在119页)

42 神奇的三角形

昨晚的作业中有一道几何难题。要求是从下图中去掉4条短线,这样,只剩下5个三角形。你如何解决这个问题呢?

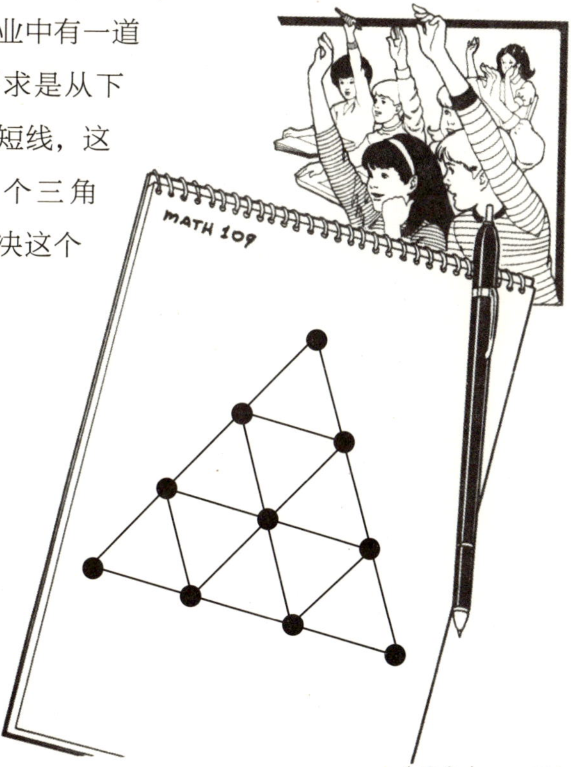

(答案在119页)

43 思考帽

| 5 | 11 | 23 | ? | 95 | 191 |

沃里克·博斯特伯教授是博斯特伯电子思考帽的发明者，现在退休的他接受了枫树林中学计算机俱乐部的挑战。他带上自己这顶著名的思考帽，试图在身后的这些强大计算机之前把这道题解答出来。那么，你能计算出上面的数字串中第4个数是什么吗？

（答案在119页）

44 影星

20世纪20年代迪丝姐妹艾玛和苏琦曾经风光好莱坞,工作室拒绝泄露她们的年龄,而其中的一位滑稽的广告人员利用这个题嘲弄了这些记者。

"如果把她们的年龄加在一起,一共是44岁。艾玛的年龄曾经是苏琦的3倍,而艾玛现在的年龄是当艾玛还是苏琦到了3倍于艾玛那个年龄一半的那个年龄时苏琦年龄的2倍。根据这个你们应该可以推算出这两位女士的年龄了。"

(答案在120页)

45 小雕像

20 年前，当加尔文·克莱克特伯尔刚开始经营他的古董店时，他总是很骄傲地把这两尊小雕像摆放在橱窗的前面。就在上个星期，它们还放在那里。而在两天之内，他先把第一个雕像以 198 元卖掉，赚了 10%，然后又把第二个雕像以 198 元卖掉，这次赔了 10%。那么，加尔文在这两个雕像交易中是赚了还是赔了？

（答案在 120 页）

答案

注：有些思维名题不止有一个答案，下面介绍的是最常用的方法。

世界上超有创意的思维游戏

01 油漆窗户

下图中的阴影部分就是应漆成蓝色的地方。

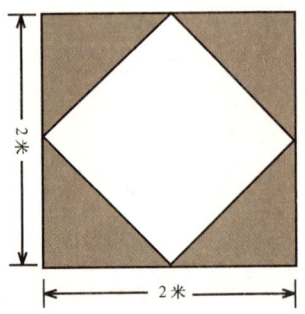

02 麦秆提苏打水瓶

将麦秆从一端约 3 厘米的地方轻轻地折起来，使麦秆呈现"V"形。然后，把这一端插入瓶内，慢慢调整麦秆直到把它楔牢（如图所示）。这样，你便可以把瓶子从桌子上提起来了。

03 鱼缸

把鱼缸从一边抬起,这样水就会从另一边溢出。当水平面正好处于鱼缸的一个上角到鱼缸的一个下角的对角线时,鱼缸内的水正好处于鱼缸的中间位置。

04 五角星上的硬币

移动的顺序是:(1)5号跳到8号,拿掉7号;(2)2号跳到5号,拿掉4号;(3)9号跳到2号,拿掉6号;(4)10号跳到6号,拿掉8号;(5)1号跳到4号,拿掉2号;(6)3号跳到7号,拿掉4号;(7)5号跳到8号,拿掉7号;(8)6号跳到10号,拿掉8号。

05 神奇的风筝

答案如下图:

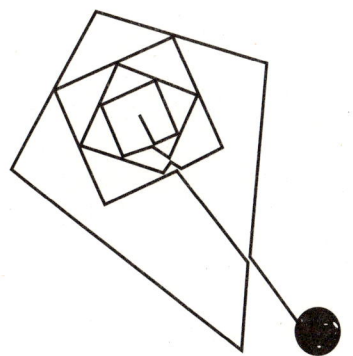

06 书

如果想要拽断书下面的绳子,你可以把绳子向下猛拉。由于书的惯性,在拉力尚未传到书上面的绳子时,下面的绳子就已经拉断了。如果想要拽断这本书的上面的绳子,你可以慢慢地拉绳子,这时拉力发挥作用,再加上书的重量,书上面的绳子就会断掉。

07 冰激凌棒

将玻璃杯的"底"向左滑动,紧接着把玻璃杯"右边"的木棒挪到玻璃杯的柄脚的左边(如图所示)。这样,杯子就倒过来了,同时,樱桃也就到了杯子的外边。

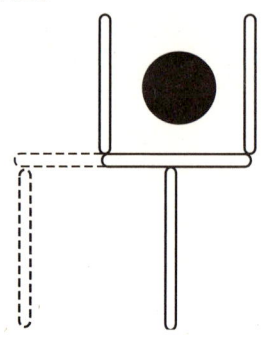

08 牙签

将左图(A)中虚线上的3根牙签放到右图(B)虚线上的位置。

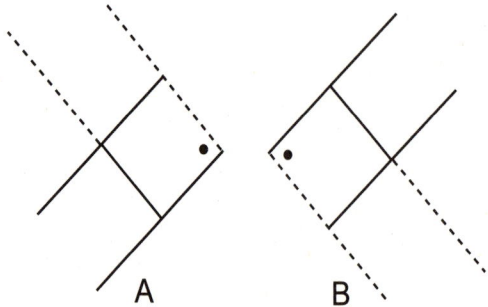

09 绳索

将自己手腕上的一个绳圈从朋友的一个手腕的绳圈上穿过,然后从他的那只手上掠过去,之后再从他的那个绳圈上撤回来。这样,两根绳子就分开了。

10 邮票

将 2 枚邮票叠放在一起，放在中间的位置上。这样，在十字形的每条线上就都有 4 枚邮票。

11 五金店

房屋的施工人员忘记把门牌号安装在各个单元内的各个房间上。他们在五金店把这些号码以每个 1 元出售。因为弗莱尔·布莱尔庄园只有 9 个单元，每间房屋只需要一个号码。因此，4 个顾客买 4 个号码一共要花 4 元。

12 1 角硬币

将食指放在桌子上，方向要与这枚 1 角硬币相对。然后，轻轻地用手指抓动桌布。这样，硬币会慢慢地向相反的方向移动，不一会儿，它就可以从玻璃杯下面"走"出来。

13 箭头

按照下页图的样子放置箭头，你就会"发现"在中间的位置上出现第五个箭头的轮廓。

14 糖块儿

这是一个讲究"搭配"的思维游戏。在第 1 个杯子里放 1 个糖块儿,在第 2 个杯子里放 2 个糖块儿,在第 3 个杯子里放 3 个糖块儿,然后把第 1 个杯子和第 3 个杯子放到第 2 个杯子里。这样就能保证每个杯子里的糖块儿都是"奇数"。

15 钞票

尽管抓住纸币看上去是很简单的事情,但是如果没有尝试,一次就想抓住它是不可能的。因为,你的反应不够快。

16 扑克牌

移动的顺序如下:(1)4 号扑克牌放在 1 号扑克牌上;(2)6 号扑克牌放在 9 号扑克牌上;(3)8 号扑克牌放在 3 号扑克牌上;(4)2 号扑克牌放在 7 号扑克牌上;(5)5 号扑克牌放在 10 号扑克牌上。

17 书蛀虫

书虫一共走了 2.8 厘米。书虫如果要从第一册第一页开始向右侧的第三册推进的话,第一件事情就是先从第一册的封面开始破坏,之后是第二册的封底,接着是 2 厘米厚的书,然后是第二册的封面,最后是第三册的封底(即思维游戏的终点线)。期间,一共经过 4 个封页以及一册书的厚度,享用了 2.8 厘米的美味。

18 几何

线段 OD 是圆的半径，它的长度是 14 厘米。图形 ABCO 是个长方形，它与圆的中心以及圆边都相交。因此，线段 OB（即圆的半径）的长度为 14 厘米。因为长方形的两个对角线的长度都相等，所以，线段 AC 与线段 OB 的长度相等，即 14 厘米。

19 飞船

舰长的检查路线如下：从 2 号指挥中心进去，然后是 E、N、H、3、J、M、4、L、3、G、2、C、1、B、N、K、3、I、N、F、2、D、N、A、1。

20 射箭

6 支箭的分数刚好达到 100 分，那么他射中的靶环依次为：16、16、17、17、17、17。

21 纽扣

以下是移动的步骤（W 表示浅色，R 表示深色；以纽扣所在的棋盘位置标识）：(1) W2 移到 3；(2) R4 移到 2；(3) R5 移到 4；(4) W3 移到 5；(5) W1 移到 3；(6) R2 移到 1；(7) R4 移到 2；(8) W3 移到 4。

22 链子

把那条带 4 个环的链子拿出来，将上面的 4 个环都打开，这样会花费 4 元。接着，利用这 4 个环把剩余的 5 条链子连在一起；然后，把这 4 个环焊接在一起，这会花费 2 元。所以，一条 29 个节的链子一共会花费 6 元。

23 立方

答案如下：
（1）3个面蓝色的小立方体数：8个；
（2）2个面蓝色的小立方体数：12个；
（3）1个面蓝色的小立方体数：6个；
（4）无色的小立方体数：1个。

24 动物

公园里有4只狮子、31只鸵鸟。以下是解题的方法：因为他算出有35个头，所以，最少有70条腿。但是，他算出一共有78条腿，也就是比最少的数多了8条腿，因此，多出的8条腿必定是狮子的。8除以2便是四条腿的动物的数量。这样，狮子的数量是4。

25 十字路口

拿破仑将路标杆放回原处，这样，上面标有他刚刚去过的城镇的名字的牌子就指向他来的方向，同时，他也知道应该去的地方了。

26 杯垫

A图到C图向我们展示了如何将这些杯垫重新排列形成一个"完整的圆"的过程。

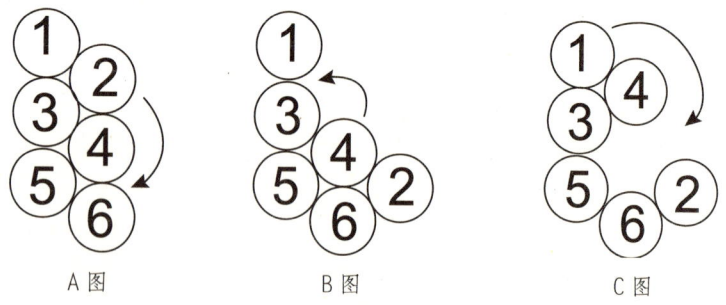

A图　　　　B图　　　　C图

27 圆圈

把这个正方形的纸板的任意一个角的顶点放在这个圆圈内边的任意一点。在 A 点和 B 点（即正方形与圆圈相交的两个点）做两个标记（参见图 1）。把纸板当直尺，将 A、B 两点连接。然后，用正方形的这个角的顶点放在这个圆圈内边的另外一点，并重复刚才的步骤，在另外的两个交点，即 C、D 两点做标记（参见图 2）。将 C、D 两点连接。这样，这个圆圈的中心点就是线段 AB 与线段 CD 的交点（参见图 3）。

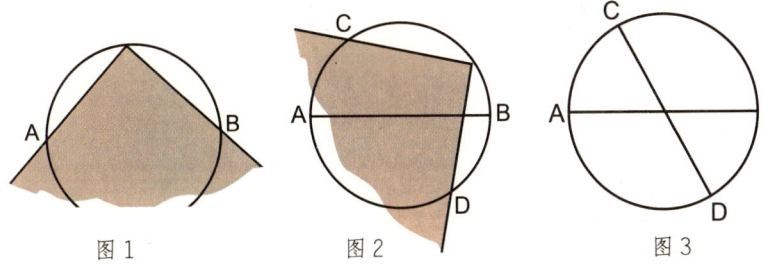

图 1　　　　图 2　　　　图 3

28 神谕古文石

这些字母的共性在于它们都是数字。每个数字，即从 1 到 9，都与各自的镜像刻在一起。如果你把每个字母的左半部分遮住，你就会看到真的是这样。所以，所缺的数字是 6。

29 卡车

这种情况只有当卡车的平板是敞开的时候才会发生。但是，这辆卡车的车厢是封起来的，当鸟保持飞的状态时，它们必然会利用与自身体重相当的力量在空气中挥动翅膀。这样，这种力量就会通过空气施加于卡车的平板上。因此，无论鸟是静止还是保持飞的状态，卡车的重量均会保持一致。

答案

30 瓶子(1)

尽管在解决这个难题时有人会采取将纸带猛拉出来的办法,但是,由于这个纸带太长,因而无法使用。必须先在距离硬币2厘米的地方把纸带从一边剪断或者撕掉才行。然后,抓住纸带的另一端,并且拉直使纸带与瓶子成90度。然后,伸出另一只手的食指,快速击打手与瓶子之间纸带的中间位置。这样,纸带就会快速从硬币下面脱出,同时由于速度很快,硬币会依靠惯性而不至于从瓶子的顶部掉落。

31 X射线

用一支铅笔在硬币上的纸上直接涂画。这时,硬币的轮廓将会显现在纸上,当然也就看到了硬币的日期。

32 青蛙

看起来,青蛙是按照每天0.4米的速度向上爬的。第7天的时候,它将向上爬了2.8米。到了第8天的白天时候,它就会从井里爬出。所以,答案就是8天。

33 细长玻璃杯

如果用小玻璃杯的话,我们倒8次才能把大玻璃杯装满水。因为大玻璃杯在杯身直径和高度上是小玻璃杯的2倍,所以它的体积就是小玻璃杯的体积乘以8。比如,我们拿一个1厘米×1厘米×1厘米的立方体举例,它的体积为1立方厘米;那么,大玻璃杯的体积,即2厘米×2厘米×2厘米,这时它的体积就是8立方厘米。

34 警察

这名警察的巡视路线已经展示在下页的图中。

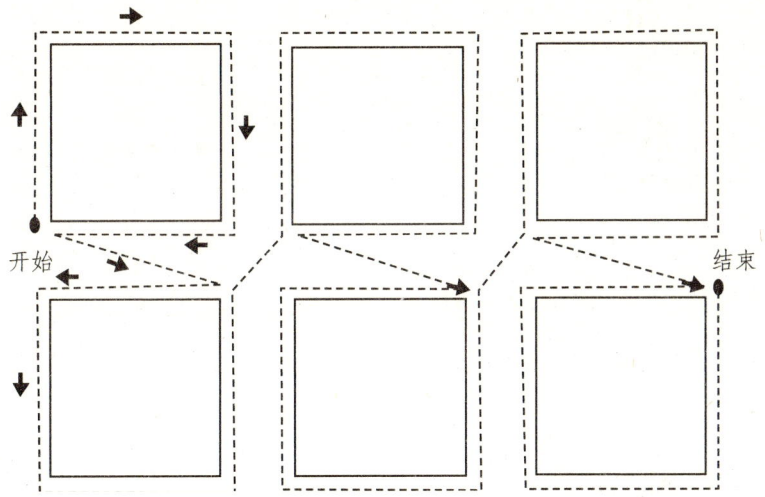

35 爱吃醋的丈夫

把3个丈夫用A、B、C来表示,他们妻子分别是a、b、c。他们可以按照下面的方法渡河:

(1) a和b先渡河,然后b把船划回来。
(2) b和c渡河,然后c把船划回来。
(3) c下船并和她的丈夫留下来,然后A和B渡河;A下船,B和b一起把船划回来。
(4) B和C渡河,把b和c留在出发点。
(5) a把船划回来,然后让c和她一起渡河。
(6) a下船,然后b把船划回来。
(7) 接着,b和c渡河,这样所有人都重聚。成功抵达对岸!

36 自行车

贝蒂骑1个小时的自行车后把自行车放在路边,并继续步行2个小时,行走8千米后到达她的姑妈家;纳丁步行2个小时后到达放自行车的地方，然后骑1个小时的自行车，这样她就能和贝蒂同时在最短的时间到达姑妈家。

37 推理

我们当然要掀开1号扑克牌，因为它的底面是蓝色。我们可以不顾红色底面的扑克牌，这样，我们把2号扑克牌略过。3号扑克牌是K，它的底面是蓝色或者红色都无关紧要，这样它也可以略过。最后，我们要把4号扑克牌翻过来。如果1号扑克牌是K并且4号扑克牌的底面是红色，那么这个答案就是"肯定的"；如果1号扑克牌不是K或者4号扑克牌的底面是蓝色，那么这个答案就是"否定的"。

38 网球

因为每场比赛都会淘汰一对选手，既然一共有128对选手，那么在冠军队伍产生之前会进行127场淘汰赛。

39 钉子

按照下图中的排列方式，你会发现，所有的钉子都会彼此相接触。

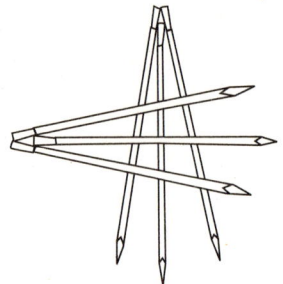

40 古董

90%的账面价值与125%的账面价值之间差了35%。因为35%相当于105元，所以1%就是3元。因此，原账面价值就等于

300元。

41 苍蝇

大多人都认为苍蝇飞行的最短的路线是从 A 点先到 D 点，然后沿着边飞到 B 点。运用勾股定理，线段 AD 的长度为 $60\sqrt{2}$ 厘米（勾股定理是指直角三角形的斜边长度等于另外两条直角边的平方和的平方根）。再加上线段 DB 的长度（即 60 厘米），这样，我们得到的总长度为 $60+60\sqrt{2}$ 厘米。如果，我们从立方体的顶部一条边的中点 C 画出线路 AC，它的长度为 $30\sqrt{5}$ 厘米，同时，线段 CB 的长度也是 $30\sqrt{5}$ 厘米。这样，我们得到的总长度为 $30\sqrt{5}+30\sqrt{5}$ 厘米，很明显这要比第一条路线要短得多。

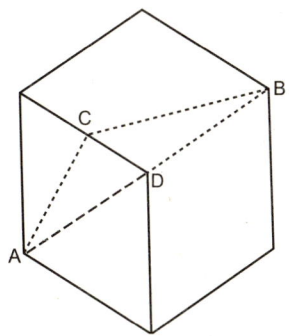

42 赛马

那个农民建议每个选手驾驶对手的马车。因为他们的约定是"第一个穿过终点线的马车将输掉比赛"。

43 小甜饼

可怜的阿里阿德涅一共有 15 块甜饼。劳拉得到 7.5+0.5，即 8 块甜饼，还剩下 7 块；梅尔瓦得到 3.5 + 0.5，即 4 块甜饼，还剩下 3 块；罗伦得到 1.5 + 0.5，即 2 块甜饼，还剩下 1 块；玛戈特得到 0.5 + 0.5，即 1 块甜饼，而阿里阿德涅则一块也没有。

44 喇叭

葛鲁丘想出来一个十分巧妙的方法。他让商店的包装师找出一个 0.9 米宽、1.2 米长的大盒子。他把喇叭的橡胶球拆掉，然后把喇叭放在盒子的对角线位置上（这个对角线的长度为 1.5 米）。这样，就符合邮局的标准了。

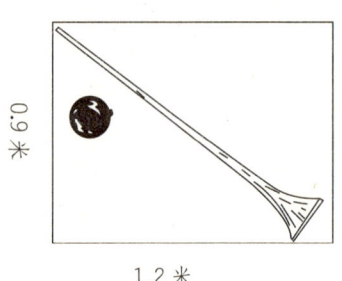

45 钱包

钱包里有 2 张 50 元的钞票、2 张 100 元的钞票、4 张 5 元的钞票。

46 徽章

答案如下图：

47 游戏者

下面是该题的一种解答方法：$1 + 3 + 5 + 7 + \dfrac{75}{75} + \dfrac{33}{11} = 20$

世界上超神奇的思维游戏

01 盘子

将两个瓶塞纵向切开，然后，把每半个瓶塞插进 4 个叉子的齿上（如下图所示）。保证叉子与齿的角度小于 90 度。现在，把这 4 个叉子放在盘子的四周；同时，叉子要面向盘子的边。这样，叉子就不会乱动。然后，你就可以轻而易举地把盘子稳稳地放在针尖上了。

02 火柴

要解决这种类型的难题实在是很困难。下图中展示了如何把 15 根火柴摆成 8 个大小相同的正方形。

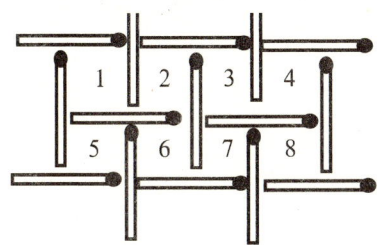

03 国际象棋

要解决这个问题，你必须经过除了左上角的 9 个方格之外的方格，但是仍然不易解决。你要通过四步使"皇后"经过左上角的全部 9 个方格。在下次俱乐部会战时，你可以按照下页图所示的步骤一展身手。

答案

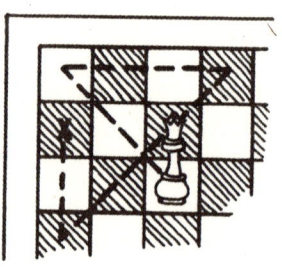

04 老水手

老比利是星期二去那个港口城镇的。先说第一个地方,即宾纳克宠物旅馆,这个旅馆周四和周五不营业,我们只能排除这两天。然后,可以排除周六,因为那天理发店休息。由于比利回家时带的钱要比去城镇时带的多,所以他兑现了支票。他是周四领工资,但是,接下来的两天都已经被排除了,因此,说他是周二去城镇的是合乎道理的,那时,银行正好营业。同时,理发店和宠物旅馆都营业。

05 名字

尼德尔瓦勒先生的那个朋友是位女士,而不是男士;她女儿的名字当然就是埃莉诺。

06 家庭

祖父的生日宴会有许多人参加。下面列出的是在场的家庭成员,其中也包括祖父:2个弟兄、2个姐妹,他们的父母,以及父母各自的父母——这样,对孩子而言就有1个祖父和1个外祖父,1个祖母和1个外祖母。因此,共有10位家庭成员。

07 保险箱

比纳库克拉斯偷走了60枚1元硬币、15枚5角硬币以及50枚5分硬币。

08 面积和周长

如图所示，第1组的4个图形面积相等，第2组的4个图形周长相等。这两组中的圆的周长和大小都一样，而第2组其他3个图形的面积比第1组的其他3个图形的面积都要小。

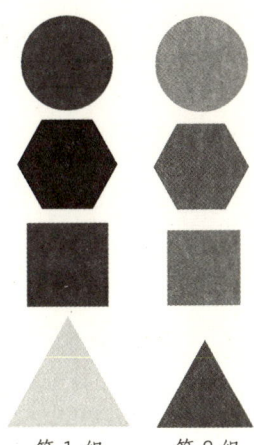

第1组　第2组

09 父亲和儿子

可能的情况有以下几种：
父亲96岁，儿子69岁；父亲85岁，儿子58岁；
父亲74岁，儿子47岁；父亲63岁，儿子36岁；
父亲52岁，儿子25岁；父亲41岁，儿子14岁。
从图中看，应该是最后一种情况。

10 瓶塞

这个题的秘密就在于两只手交叉时的位置。没有经验的人将两只手交叉时，手掌往往朝向身体，这样就会出现我们所描述的结果。要解决这个难题，要把右手的手掌向内转并把左手的手掌向外转，然后再抓住瓶塞。这样，两只手不仅不会相互交叉在一起反而会轻而易举地分开。

答案

11 长角的蜥蜴

这只蜥蜴爬行时正好是一个直角三角形。如果一个直角三角形的三个点都与一个圆的边相接触，那么，这个直角三角形的长边，即斜边就等于这个圆的直径。所以，圆（窝）的直径就是 5 米（直角三角形的斜边的平方等于两条直角边的平方和，即 4² + 3² = 25，25 的平方根等于 5）。

12 数字

答案如下：

$$
\begin{array}{r}
147 \\
25\overline{\smash{)}3675} \\
\underline{25} \\
117 \\
\underline{100} \\
175 \\
\underline{175} \\
\end{array}
$$

解题步骤：(1) 因为第一个值与除数相同，所以，商的第一个值就是 1；(2) 根据第二次减运算，可用得知字母 E 肯定是 0，因为字母 FC 原搬不动地放在了下面；(3) 字母 FEE 所代表的数字就是 100，而这正是字母 AB 与第二个值的乘积，除数不可以是 0，所以当一个两位数和一个一位数相乘能够得出 100 的只有 25，因此，商的第二个值就是 4；(4) 在第一次减运算中，字母 GH 与 25 的差是 11，所以，字母 GH 肯定是 36；(5) 这最后一个字母 C 就是 7、8 或者 9。如果你每一个都试一试，那么，你很快就可以发现只有 7 最合适。

13 纸牌

下面就是每人分得的钱数：马尔文得到 94.25 元、哈维得到

74.25 元、布鲁斯得到 41.25 元、罗洛得到 23.25 元。

14 车厢

乘客车厢每个 4 元，买了 3 个（共 12 元）；货物车厢每个 0.5 元，买了 15 个（共 7.5 元）；煤炭车厢每个 0.25 元，买了 2 个（共 0.5 元）。这些费用加起来就是 12 + 7.5 + 0.5 = 20。

15 惩罚

这个问题的答案就是用分数来表示整数，比如 $3\frac{3}{3}$，即等于偶数 4。其他例子：$9\frac{9}{9}$，即偶数 10；$7\frac{7}{7}$，即偶数 8。

16 开商店

其中的一个答案为：草莓酱每罐 0.5 元，而桃酱每罐 0.4 元。在原先的交易中，3 罐草莓酱花费 1.5 元，而 4 罐桃酱则花费 1.6 元，这样，一共花费了 3.1 元。

17 弹孔

答案如下图：

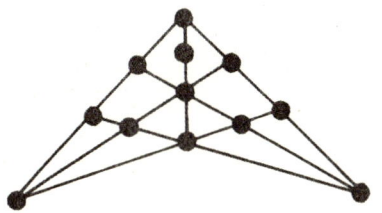

18 卖车

达夫妮的主人每次都在前一次的基础上降价 20%，所以，最后的售价是 563.20 元。

19 扑克牌与日历

（1）常用的扑克牌有52张（除两张王牌），而一年则有52周；（2）每一种花色的扑克牌都有13张，而每个季节都有13周；（3）扑克牌有4种花色，而一年有四季；（4）一副扑克牌有12张肖像画（J、Q、K的总数），而一年则有12个月；（5）红色的扑克牌代表白天，而黑色的扑克牌则代表黑夜；（6）如果你把所有的数值都相加，其中J等于11，Q等于12，K等于13，总数等于364。再加上1张王牌或两张王牌（每张当作1看），就得到一年的天数。

20 铁圈枪

奈德的得分如下：10分靶槽内有14个铁圈，共得分140；20分靶槽内有8个铁圈，共得分160；50分靶槽内有2个铁圈，共得分100；100分靶槽内有1个铁圈，得分100。这样，140 + 160 + 100 + 100 = 500。

21 计算机

这个思维游戏至少有两种解题方法：

2	1	9
4	3	8
6	5	7

3	2	7
6	5	4
9	8	1

22 绳梯

因为船会随着潮水而上下浮动，所以潮水涨至最高点时水面上仍有50条横档。

23 瓶子(2)

这位船长当然就是诺亚了。他的那艘巨轮装载了来自世界各地的动物，这些动物自然不是为了出售。因为没有陆地，所以他根本无须担心风向问题，所有的港口都被水淹没，他最希望的就是找到陆地将船停泊。

24 加法

答案如下：
$1 + 2 + 3 + 4 + 5 + 6 + 7 + 8 \times 9 = 100$

25 度假

S、H、O、N、I、X 是字母表中颠倒后照样可以读出来的字母。因此，可以加在它们后面的就只剩下"Z"了。

26 魔力商店

因为每个人所能分得的财产与各自服务的时间长短相一致。女佣人分得了1份遗产，会客室那个仆人分得了3份遗产，厨师则分得了6份遗产，这样，总共有10份。每一份遗产为7000元的$\frac{1}{10}$，即700元，也就是那个女佣人所得的遗产。同时，会客室那个仆人得到2100元，而厨师得到4200元。

27 替换数字

答案如下：

```
      17
   ×   4
   ─────
      68
   + 25
   ─────
      93
```

28 吹泡泡

证明如下:
10 + 10 + 5 + 7 = 32。
答案就是 10 个泡泡。

29 置换

移动的步骤如下:从 2 号到 3 号、从 8 号到 5 号、从 10 号到 7 号、从 3 号到 9 号、从 5 号到 2 号、从 7 号到 4 号、从 9 号到 6 号、从 4 号到 10 号、从 6 号到 8 号、从 1 号到 6 号、从 2 号到 4 号、从 6 号到 5 号、从 4 号到 3 号、从 10 号到 9 号、从 5 号到 7 号、从 3 号到 2 号、从 9 号到 1 号、从 7 号到 10 号。

30 狂欢大转盘

中间数字为:6。
5 + 6 + 7
9 + 6 + 3
10 + 6 + 2
11 + 6 + 1
8 + 6 + 4
如右图所示:

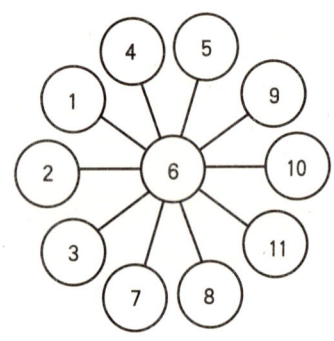

31 小费

帕特开始有 50 元,而迈克有 30 元。

32 蜂箱

这个题的解法有很多。下面是其中一个:

33 城堡

有好几条路线供你选择,其中的一条是: f-b-a-u-t-p-o-n-c-d-e-j-k-l-m-q-r-s-h-g-f。

34 弹子

"荷兰人"所剩下的弹子占两人开始时弹子总数的 $\frac{1}{5}$,或者占"荷兰人"原来弹子数的 $\frac{2}{5}$。"荷兰人"的原弹子数在增加 20 个之后,就变成原来的 $\frac{6}{5}$;20 个弹子占原来的 $\frac{1}{5}$。所以,每个人在开始游戏之前,都各有 100 个弹子。而当游戏结束时,"荷兰人"有 40 个弹子,"鹿角"有 160 个弹子。

35 气球

你可以用好几种方法排列这些数字。下面是其中的一种方法:一条线上的数字为 3、6、9、7、2,另一条线的数字为 5、4、9、8、1。当然,两条线中都有数字 9。

36 葡萄酒

A 桶中原来有 66 升的葡萄酒,B 桶中原来有 30 升的葡萄酒。

答案
117

37 牌点

第 1 个多米诺骨牌：上半部分有 6 个点；下半部分有 4 个点。
第 2 个多米诺骨牌：上半部分有 1 个点；下半部分有 1 个点。
第 3 个多米诺骨牌：上半部分有 1 个点。
第 4 个多米诺骨牌：上半部分有 1 个点；下半部分有 4 个点。
如图所示：

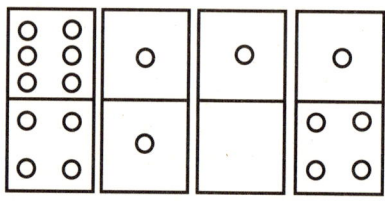

38 灵长类动物

动物园里有 5 只大猩猩、25 只猿以及 70 只狐猴。

39 纸块儿

如下图所示：图 A 所示的是最初的三角形，上面显示了将要被剪成的 5 个部分。纸片 1 便是这 4 个等边三角形中的一个。图 B、C、D 展示了其余 3 个三角形是如何利用这些纸片组成的。

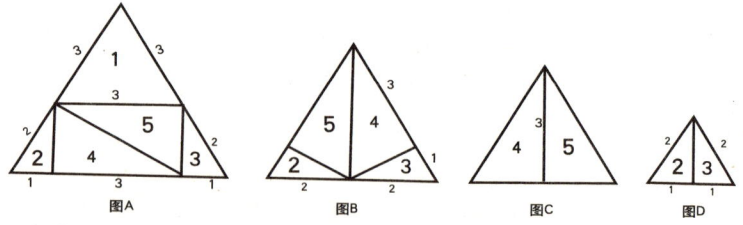

40 铁匠

答案如下页图所示：

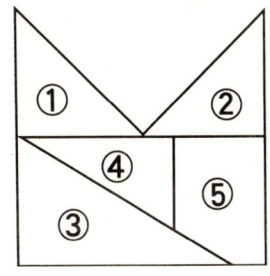
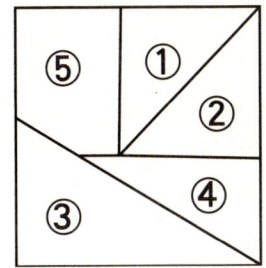

41 热狗

答案如图所示

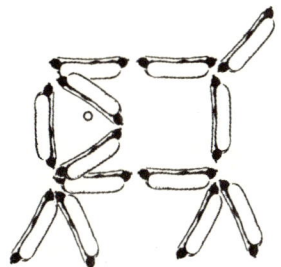

42 神奇的三角形

将下图中虚线位置上的短线去掉就可以了。这样，就只剩下 4 个小三角形和 1 个大三角形。

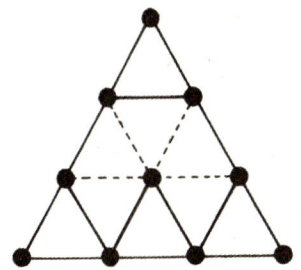

43 思考帽

这道题的关键在于了解每个数字都是前一个数字的两倍再加 1。

所以，5的两倍再加1等于11，11的两倍再加1等于23，23的两倍再加1等于47，这样，就得出答案了。

44 影星

艾玛是27.5岁，苏琦是16.5岁。要算出这个答案，你必须得从后往前算。当苏琦5.5岁时，艾玛是16.5岁，即艾玛的年龄是苏琦的3倍；当苏琦到了3倍于艾玛的这个年龄时，她就49.5岁了；当艾玛还是这个年龄的一半时，即24.75岁，苏琦的年龄就是13.75岁；而艾玛现在年龄的正好是苏琦那时年龄的2倍，即27.5岁。

45 小雕像

加尔文赔了4元钱。他在第一个雕像交易中赚了18元（198元除以11就是10%的利润）。然而，在第二个雕像交易中他却赔了22元（198元除以9就是10%的损失）。这样，赔的22元减去赚的18元就是损失的钱。

很美很美的烧脑书

世界智力开发
经典题、黄金题、关键题

杨易 ◎ 主编

天津出版传媒集团
天津科学技术出版社

世界上超难的思维游戏

01 胶合板(1) 2
02 画线 3
03 面粉 4
04 玻璃杯 5
05 零件 6
06 年龄(1) 7
07 古董商 8
08 立方体 9
09 排列数字 10
10 圆点 11
11 落纸 12
12 幻方游戏 13
13 轮船 14
14 小鸡 15
15 递进 16
16 标志语 17
17 地毯 18
18 赛马 19

19	字母连线	20	32	从A到Z	33
20	跳房子	21	33	潜水艇拦截网	34
21	火柴棍	22	34	遗嘱	35
22	圆圈	23	35	照相	36
23	面包	24	36	撞球	37
24	密码	25	37	小狗	38
25	调换(1)	26	38	市议员	39
26	纸牌	27	39	汽车	40
27	死亡三角	28	40	棋子	41
28	移动	29	41	拍卖	42
29	瓶塞	30	42	花园	43
30	长方形	31	43	黄金产权	44
31	手提箱	32			

世界上令人惊奇的思维游戏

01 天文 46
02 咒语 47
03 台球 48
04 神庙 49
05 年龄(2) 50
06 铜锣 51
07 标志牌 52
08 数学题 53
09 硬币计数器 54
10 风筝 55
11 汽水吸管 56
12 欢乐谷 57
13 货物箱 58
14 游戏天才 59
15 直线 60
16 十字形 61
17 赛车 62
18 玩具店 63
19 鸡蛋 64
20 蛇 65
21 测量 66
22 亚当和夏娃 67
23 太妃糖 68
24 调换(2) 69
25 多米诺骨牌 70
26 应聘 71
27 英雄 72
28 瓢虫 73

29 雪橇 74		40 香水瓶 85
30 栅栏 75		41 序列中的数字 86
31 派对 76		42 竞赛 87
32 电池 77		43 抢劫 88
33 泰迪玩具熊 78		44 玩纸牌 89
34 时钟 79		45 理发师 90
35 机器人 80		46 神奇的幻方 91
36 胶合板(2) 81		47 符号 92
37 喂狗的硬饼干 82		48 银行业务 93
38 竞技比武大会 83		49 竞赛之后 94
39 电车 84		答案 95

世界上超难的思维游戏

胶合板（1）

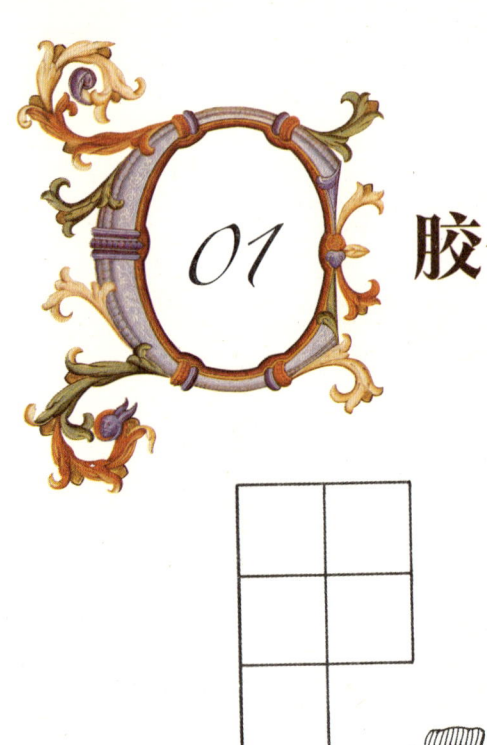

杂务工人海勒姆·鲍尔皮尼刚刚参加完木匠学院的聚会回来，而在聚会上他新创作的胶合板思维游戏把每个人都给难住了。他向大家展示了一块由5个大小相同的正方形组成的木板。首先，你要沿直线在木板上切两下，将它分成3块，然后，把这几块木板拼在一起组成一个正方形。那么，海勒姆是怎么做到的呢？

（答案在96页）

02 画线

阿莫斯·埃德哈根正在自己的吊床上睡午觉,而他这时本应该在沙滩上享受自己的假期。为了解决一个画线题,他在沙子上画了一个上午。他想要一笔画出上图的图案,每一部分的线条彼此不能交叉。

(答案在96页)

03 面粉

当塞·科恩克利伯核对自己的补给品时,他在面布袋上发现了一些有趣的东西。面布袋每3个放在一层,共有9个布袋,上面分别标有从1到9这几个数字。在第一层和第三层,都是一个布袋与另外两个布袋分开放;而中间那层的3个

布袋则被放在一起。如果他将单个布袋的数字(7)乘以与之相邻的两个布袋的数字(28),得到196,也就是中间3个布袋上的数字。然而,如果他将第三层的两个数字相乘,则得到170。

塞于是想出来一道题:你能否尽可能少地移动布袋,使得上、下两层上的每一对布袋上的数字与各自单个布袋上的数字相乘的结果都等于中间3个布袋上的数字呢?

(答案在96页)

04 玻璃杯

威灵顿·曼尼拜格斯身后就是一道"玻璃杯"难题。将一根火柴支撑在两个颠倒的玻璃杯的中间部位（如上图所示）。现在，威灵顿说他即使将其中的一个玻璃杯拿走也可以使那根火柴悬在空中。你只能拿桌子上的第二根火柴与那根火柴接触。那么，谁对他的这个难题感兴趣呢？

（答案在97页）

05 零件

本上周日去了托特勒尔零件铺,在那里他玩了一会儿祖父托特勒尔的天平,这个天平是他1903年在一个古城带回来的。玩了一会儿,本发现:

(1)3个螺母加上1个螺钉等于12个垫圈的重量。

(2)1个螺钉等于1个螺母加上8个垫圈的重量。

本根据这些信息,想出来一道题:多少个垫圈等于1个螺钉的重量?

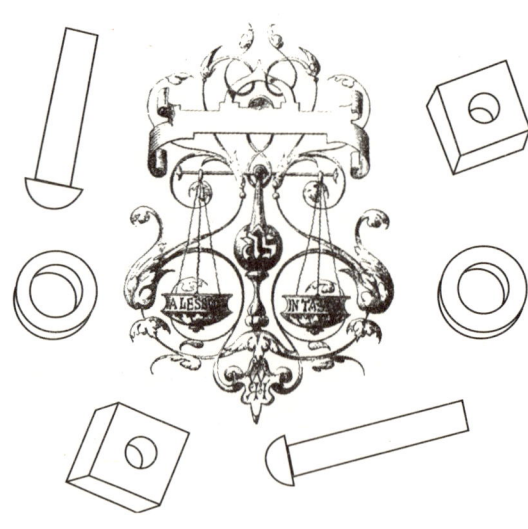

(答案在97页)

06 年龄(1)

"罗杰,为了满足你这一好奇心,我给你一个提示:
"我出生在一个大家庭。5年前,我的年龄是我最小那个妹妹维罗妮卡的5倍;而现在,我只是她年龄的3倍。我只能给你这些信息。我可知道你在数学方面的能力,所以我敢肯定你还是无法知道这个秘密的。"

"说真的,马奇,我们现在都交往一年多了。你不觉得应该告诉我你的年龄吗?"

你能帮助罗杰猜出马奇的真实年龄吗?

(答案在97页)

07 古董商

亚历克斯·莫卡托是无新古董市场的所有者。上个月他出乎意料地在思维游戏大会上获胜,而他现在正在兴致勃勃地浏览这一新闻。他向比赛的裁判员提出挑战,看谁能把他带来的17件古董分4行放在地上,而且每行都有5件古董。那么,你能完成那些著名裁判员专家都无法完成的任务吗?

(答案在97页)

08 立方体

"皮特里,这有一个柏拉图立方体。别人都说那个立方体不存在,可是我们坚持到底,现在付出终于有了回报。柏拉图说,中间的那个大型立方体是由许多小的大理石立方体组成的,而立方体所在的正方形广场也是由小的大理石立方体构成的。广场上的小立方体个数与大立方体中的小立方体个数相同。"

"很好,霍金斯,我们只有一次达成一致。另外,你看,如果正方形广场的边长是大立方体边长的2倍,那么,它就是柏拉图的题了。如果不去测量这个广场,那么你能计算出建造这个广场和大立方体一共用了多少块小立方体吗?尽管这个题的答案有好几个,我们只要找出那个最小能够满足所有条件的数。"

(答案在98页)

排列数字

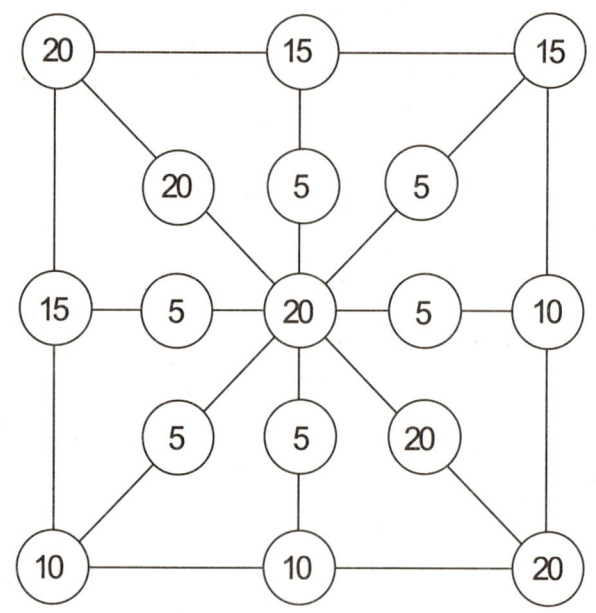

这纯粹是一道数字题。有人向你挑战要将图表中的17个数字重新排列，使排列之后的每一条直线上的数字相加之和都等于55。

（答案在98页）

10 圆点

按上图的样子，在纸上画一个方格，分成16个正方形，然后在每一个正方形的中间点一个圆点。现在解答题：请设法画出6条直线，要求经过每一个正方形中的圆点，但是在画的过程中铅笔不可以从纸上抬起。下面有个小提示：其中有两个圆点要经过两次；而且，第一笔要从这个方格外面开始。

（答案在99页）

11 落纸

一次，在造纸厂的舞会上，场面很狂热。右图中的沃尔多·彭尼帕克举臂齐肩然后同时扔下两张纸。那么，哪张纸先落地呢？很多人站在他的旁边观看。你为什么断定纸张 a 比纸张 b 先落地呢？当然，每张纸上都不可以附加其他东西。

（答案在99页）

幻方游戏

这位绅士正在解答一道设有奖项的幻方思维游戏。要解决这道题，需要将所有方格内的 X 换成数字，并使每一列、每一行以及两条对角线的数字相加的和都等于 34。使用 1 到 16 之间的数字；同时，每个数字只能使用一次。

（答案在 99 页）

13 轮船

巨轮出现在蒸汽运用的鼎盛时期,而纽约港便成了它们的停泊地。一天,有3艘轮船驶出纽约湾海峡并驶向英国的朴次茅斯。第一艘轮船12天后从朴次茅斯返回,第二艘轮船用了16天完成了航行,而第三艘轮船用了20天才回到纽约港。因为轮船在港内的恢复时间是12个小时,所以轮船抵港的日期就是它们返航的日期。那么,需要多少天这3艘轮船才能再次同一天驶出纽约港,同时,在这期间每一艘轮船将会航行多少次?

(答案在100页)

14 小鸡

艾米和贝茜是邻居,她们每天都去集市上卖小鸡。贝茜每天卖30只,2只卖1元,回家时她可以卖15元;艾米每天也卖30只,3只卖1元,一共可以卖10元。有一天,艾米生病了,于是她请贝茜帮她卖小鸡。贝茜带了60只小鸡去了集市,并以5只2元的价钱卖。当她回家时,她一共卖了24元。因此,这个要比两人分别卖所赚的钱少了1元。那么,为什么会少1元呢?是贝茜拿走了吗?

(答案在100页)

15 递进

桑迪·班克尔是闲时乡村俱乐部的高尔夫专家,那天他在高尔夫球场的表现不稳定,前 6 洞的成绩看起来就像在坐过山车,起伏很大。有趣的是,他的相邻两洞的成绩呈现出一定的规律性。那么,你能计算出桑迪第 7 洞的成绩吗?

(答案在 100 页)

16 标志语

右下图是一个内有十字的正方形。许多年前,有人根据这个标志想出来一道题。他说他可以用一把喷水刷子在纸上把这个标志画出来,但是前提是笔不离纸、线不重复。那么,你知道他是如何做到的吗?

(答案在100页)

17 地毯

阿布杜是个地毯商,现在他遇到了一个大麻烦。他必须得在太阳落山之前把一个边长为 10 米的正方形地毯交给一位十分富裕的客户。他在仓库里找出一个长 12 米宽 9 米的地毯,他打算用这个地毯来做客户所要的地毯。可是,当他展开这个地毯时,发现有人在中间剪掉了一块,被剪掉的部分长 8 米宽 1 米。然而,老练的阿布杜却很快想出一个办法,他把剩下的地毯剪成了两块,然后再缝在一起,这样便做出一整块边长为 10 米的正方形地毯。那么,他是怎么做的呢?

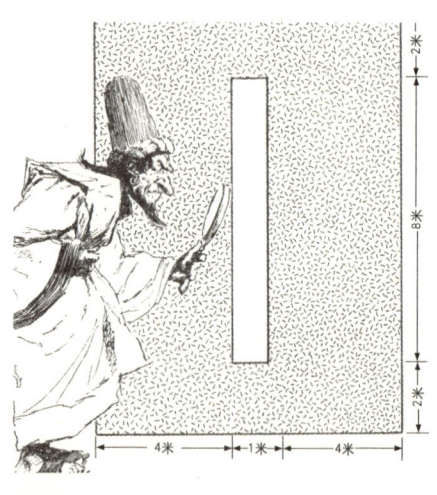

(答案在 101 页)

18 赛马

左下图这个人是贝特萨罗特教授,他是赛马爱好者。现在他正研究有关下一场比赛的赛马新闻,他把比赛的胜者限定在3匹马:斯威·贝利,赔率4:1;杨特·萨拉,赔率

3:1;桑德·胡弗斯,赔率2:1。教授想计算出应该给每一匹马下注多少钱,这样不论哪一匹马获胜他都可以赢13元。

比如,如果给每匹马下注5元,当斯威·贝利获胜时,他可以在它身上赢20元,而在另外两匹马身上输10元。请你试试,看能否在比赛开始之前解决教授的这个难题。

(答案在101页)

字母连线

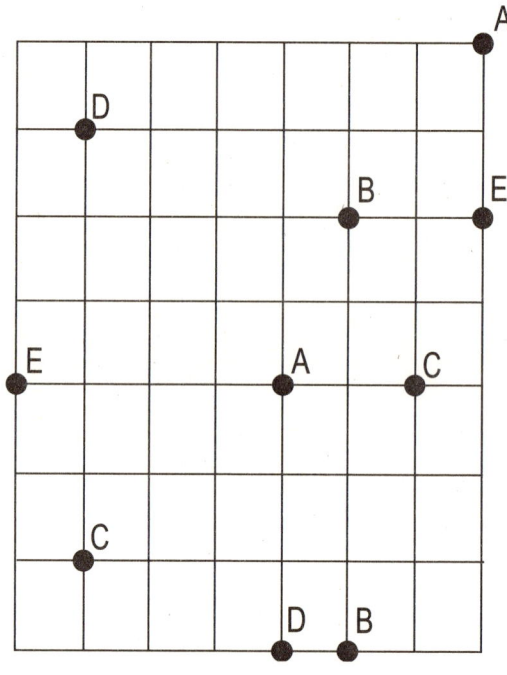

这个题虽然很古老,但是很有趣。在右边的格子上有5对圆点,分别标着A至E这几个字母。请将各对字母相连:A与A,B与B,C与C,D与D,E与E。你必须沿着格子上的直线连线,彼此路线不能相交或者重叠。现在,这个难题就交给你负责了。

(答案在102页)

20 跳房子

图中是19世纪年轻人在消磨时间时所玩的跳房子游戏。在跳房子游戏中有一种是"难题型"的跳房子游戏。这个题要求你用一笔把这个跳房子的轮廓画出来,但前

提是笔不离纸、线不重叠。同时,任何部分也不可以重复。在你还没有尝试之前,请不要跳到答案部分查看结果。

(答案在102页)

火柴棍

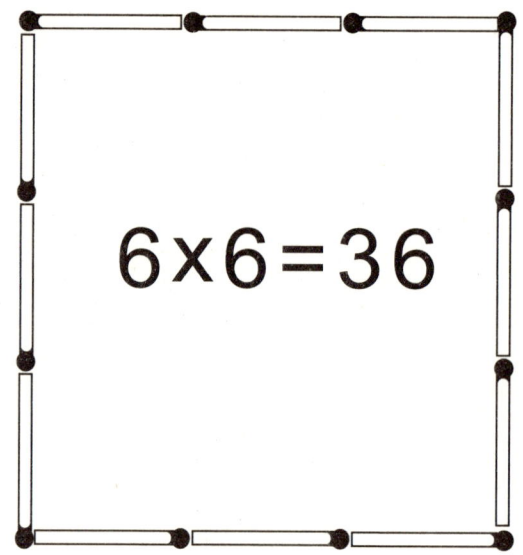

　　上图是用 12 根火柴拼成的一个正方形。每根火柴都长 2 厘米,这样,这个正方形的面积为 6 乘以 6,即 36 平方厘米。现在,请你将这 12 根火柴重新排列,并使形成的新的图形的面积为 12 平方厘米。

(答案在 102 页)

22 圆圈

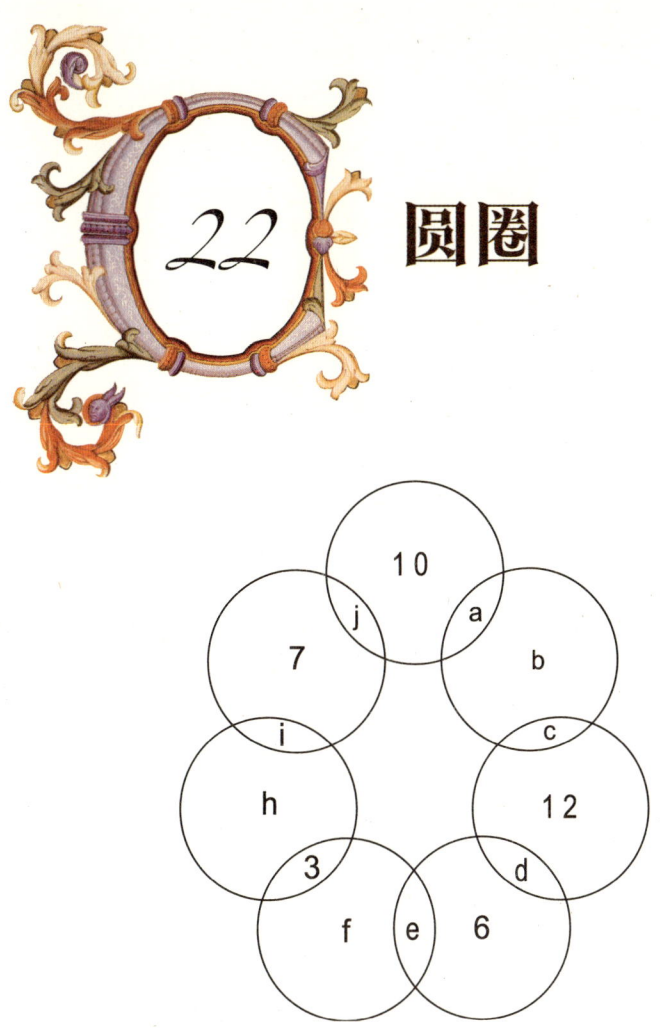

在解答这个题之前,你也许会发现自己在"看圆圈"。上图是 7 个相互交叉的圆圈,也就是有 14 个有限区域。现在,请你把图中的字母用数字代替,这样在图中就只剩下从 1 到 14 的数字。同时,要使每一个圆圈内的数字相加的和等于 21。

(答案在 103 页)

23 面包

"这是个真实的故事!是克莱夫亲口告诉我的。故事是这样的,有个叫弗西斯的年轻人在寻找基奇纳大部队时迷失了方向。在饥肠辘辘之际,他碰到了两个当地的小伙子正准备吃午餐,一个人有3片烤面包,另一个人有5片。如果弗西斯肯掏钱吃他们的面包的话,他们愿意与他共享食物。当然,他只能说愿意,这样,3个人一起把8片面包吃完了;然后,弗西斯付给他们8枚硬币。最后,他终于和大部队会合了。

"但这两个小伙子却为了钱打成一团。拿3片面包的那个人想把钱平分,但是另外那个人却认为他应该得到自己份额的5枚硬币。这样,问题成为一个难题。那么,你应该如何分配这些钱才能不失公平呢?"

(答案在103页)

密码

在世纪之初,那个放在大厅内的存有贵重物品的保险箱被采取了严密的保护措施。下图中的这个保险箱的主人是泰门尼·奥谢,他虽然十分富有,可记性却不怎么好。他这辈子总是记不住自己保险箱上的由3组数字组成的密码。但是,他却可以利用贴在保险箱上的线索提醒自己:

"第1组数字乘以3所得结果中的数字都是1;第2组数字乘以6所得结果中的数字都是2;第3组数字乘以9所得结果中的数字都是3。"如果图中的保险箱窃贼上过学的话,他们很可能会将这些线索转变成现金。那么,你能将这几个数字依次呈现吗?

(答案在103页)

调换（1）

这纯粹是一个"换位置"的题。将3个白色的棋子分别放在1、2、3号位，把3个黑色棋子分别放在10、11、12号位。你只能通过22步将它们的位置互换。每个颜色的棋子轮流沿着直线从一个圆圈移动到另一个圆圈。任何一个棋子都不可以放在对方棋子下一步可以移动到的圆圈内；每一个棋子只能在它所在的圆圈内停留一次。

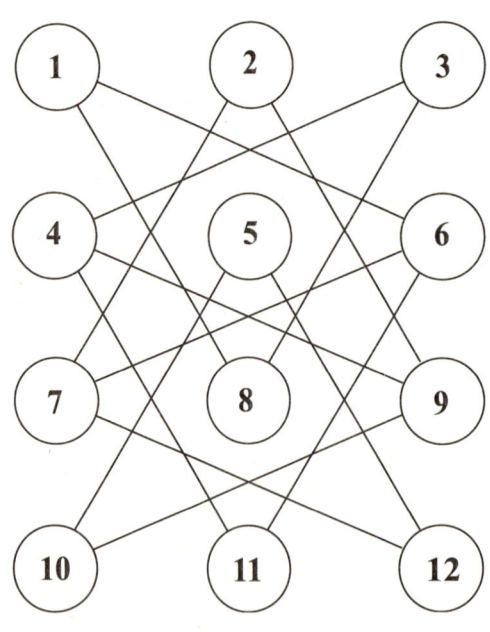

（答案在103页）

 # 纸牌

下次如果你碰到纸牌游戏并为此提心吊胆时，不妨用这个题使你紧张的神经放松下来。按照下图的样子，画一个有16个方格的棋盘，然后，将10个纸牌放在棋盘上的10个方格内。你的任务是将它们分布在最多行列内，并使每行的纸牌张数为偶数。你可以将这些纸牌水平、垂直或者沿斜线分布在行列之内。

（答案在103页）

27 死亡三角

我们看到的是杂技团的芬顿·凯奇奥尔,他正在表演自己的拿手好戏——死亡三角,芬顿对这些像剃须刀一样锋利的钢碎片毫无惧色。这些碎片和他在表演中所使用的其他小道具一样都是源自一个著名的思维游戏。如果你把这5个三角形中的任意一个切成两半,那么,就可以把这6个三角形拼成一个完整的正方形。那么,你愿不愿意试一试这个游戏呢?

(答案在104页)

28 移动

这是一个验证移动的思维游戏。做这个游戏时,你需要准备4根火柴。按照下图的样子,将其中的3根火柴摆成一个金字塔形状。接着,把第4根交给你的对手。你来挑战他,看谁能只凭借第4根火柴杆就可以把那3根竖直放置的火柴杆提起来并且在保持金字塔形状的情况下把它们抬起来拿到屋子的对面并放在另一张桌子上面。

五金器具店的几个好朋友整个下午都在研究这个题。

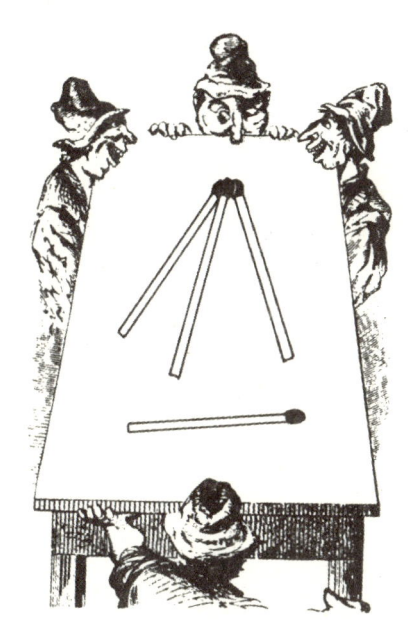

(答案在104页)

29 瓶塞

"玻璃杯"题中所使用的瓶塞现在又掉进斯迈德维奇女士的玻璃杯里。一般情况下,瓶塞不会停留在杯内水的中央,相反,它会慢慢漂到玻璃杯的一侧,并且停在那里。然而,却有一个简单的方法可以使瓶塞停留在玻璃杯的中央(使水旋转不算答案)。

(答案在104页)

30 长方形

古特罗克斯先生正在琢磨一个著名的长方形思维游戏。上图均匀地分布着12个黑色圆点,它们之间有间隔。如果利用任意4个圆点作为长方形的顶点(角),那么,你能否计算出有多少个长方形呢?记住,正方形也看作是长方形。

(答案在 104 页)

31 手提箱

令人称奇的福隆特纳克斯是一档奇特的音乐节目。贝莎和莱因霍尔德所演奏的两件乐器叫作贝莎风。当他们开始演奏之前,莱因霍尔德将一个旧的手提箱放在桌子上,使这个箱子伸出桌子边大约 $\frac{1}{3}$。接着便投入到经典的混成曲演奏当中。过了一会儿,这个手提箱突然翻倒在地上,演出随即结束,这让大家很吃惊。手提箱里并没有任何钟表装置,那么,你知道福隆特纳克斯他们的演出时间是如何控制的吗?

(答案在 105 页)

32 从A到Z

各位思维游戏爱好者们,现在我们来处理一个很难的题。这个正方形格子每边都有6个小方格,其中,有4个A字母以及4个Z字母。现在,要将这个格子剪切成4块,每一块的大小和形状都必须一样,同时,每一块都得包括一个A字母以及一个Z字母。剪的时候,一定要沿着方格线。

(答案在105页)

33 潜水艇拦截网

为了抵御新式潜水艇,这个潜水艇拦截网便应运而生。但是,相应的抵抗措施也随之出现,法国人甘默尼特先生发明了著名的潜水服。现在,你要穿上这个潜水服把上图的这个网由上而下剪成两部分,但是要用最少的次数。在你剪的过程中,不可以把网的节点剪断。请你找出最佳位置并开始剪。

(答案在106页)

34 遗嘱

"致我挚爱的家人,他们为此已经等待了很长时间,现将以下东西留给后人:
"一个人对什么爱得胜过自己的生命,
"而恨得却胜过死亡或者致命的斗争。
"这个东西可以满足人的欲望,
"它是穷人所有的、却是富人所求的,
"它是守财奴所想花费的、却是挥霍者所保留的,
"然而,所有人都要把它带进自己的坟墓。"

这份遗嘱是易斯特维奇伯爵在几个世纪之前留下的,内容十分生动。那么,你能从中推断出他想要给自己的后人留下什么东西吗?

(答案在106页)

35 照相

爷爷汤森年轻时曾买过一个新款的柯达相机作为自己的圣诞礼物。这个相机配有彩虹光圈和快门,里面的胶卷容量也很大。当他把所有的亲戚都叫过来时,他发现如果给每个人照4张照片的话,他需要2卷胶卷,因为他所需照的相片数比一卷胶卷多4张;然而,如果给每个人照3张照片的话,胶卷将会剩下12张。那么,爷爷需要为多少个亲戚朋友照相呢?一卷胶卷可以照出多少张照片呢?

改进型的可折叠式柯达相机,价钱从400元到800元。

本相机背后采用双面缝合技术,相机前部可抬高。

(答案在106页)

36 撞球

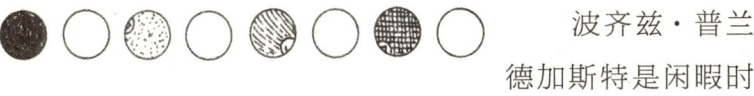

波齐兹·普兰德加斯特是闲暇时刻台球社团的经理,他总是千方百计地赚取顾客的钱。左图所示的就是他使用的伎俩之一。他将8个撞球排成一条直线,一个彩色目标球和一个白色主球交替放置。他打赌说你在4步之内不可能使直线上的4个白色球移动到左边、使4个彩色球移动到右边。每次移动时,你必须将任意相邻的两个球移动到直线上的其他位置。

那么,让我们看看你能否在波齐兹连续将所有的球都打入袋中之前把这个难题解答出来。

(答案在106页)

37 小狗

这是一个有创意的纸张思维游戏。图1展示了组合图。它是由3块硬纸组成的。你的任务是判断出它们是如何组装起来的,但是前

图1

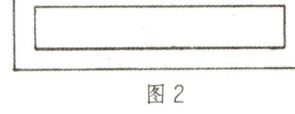

图2

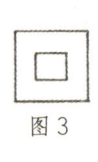

图3

图4

提是不能撕开或者损坏纸片。注意:小狗是由小纸环牢固地连接在大纸环上的;小纸环上的口太小,小狗是不可能串进去的。组成这个题的3部分纸片分别显示在图2、图3和图4。请试试,你能否找到解决的办法。

(答案在106页)

38 市议员

当尼德斯沃斯先生为格拉德汉德尔定做新衣服时,你可以计算一下这4位候选人各获得了多少张选票。

(答案在107页)

39 汽车

事情发生在1948年，斯威夫特·阿姆特维斯特正在跟慕洛格先生通电话，他可真会给人出难题。那么，当他与慕洛格先生通话时，你能否从他的话语中判断出每辆古董车各自的年龄呢？

"你好，慕洛格先生，我是阿姆特维斯特，我正在萨姆以前的汽车市场。刚刚收到4辆轻型轿车，我就马上想到了你……它们有多少年的历史呢？艾塞克斯轿车比第二年老的林肯敞篷车年长4年，后者又比第三年老的杜森伯格汽车年长4年，而再后者又比最年轻的考特812型汽车年长4年，同时，考特汽车的年龄是艾塞克斯轿车的一半。那么，慕洛格先生，你在听吗？"

（答案在107页）

40 棋子

"杜尔伍德,现在我来试试这个,看我能不能在 5 分钟内把它解答出来。我把 12 个棋子排成 7 行,使每行都有 4 个棋子。如果我失败了,我们就看今天下午在塞·科恩克利伯农场举行的克莱德谷马拉拖拉机大赛;如果我成功的话,那我们就去公园观看乐队音乐会。"

读者朋友请你也要把时间限制在 5 分钟内,看看能不能把这道思维游戏答出来。

(答案在 107 页)

41 拍卖

加尔文·克莱克特伯尔是有名的古董商,这次他花了1800元买回来一个长靠椅。经过深思熟虑后,他对自己说:"用买长靠椅的钱我可以买1个留声机、3个酱油壶和3个人形水罐;或者也可以买2个留声机和6个人形水罐;或者可以买4个酱油壶和6个人形水罐。看来我是疯了,我怎么买了件招蛀虫的古老家具呢。我得想想,看怎么把它卖给马·巴斯卡姆。"

那么,读者朋友,你能否根据上面的信息判断出每个留声机、酱油壶和人形水罐的价钱呢?

"好,1800元最后成交,东西归克莱克特伯尔先生!"

(答案在108页)

42 花园

时间：20世纪20年代；事件：国际思维游戏大赛；地点：后湾区波士顿名流花园内威尼斯风格的宫殿。右图中有3名思维游戏鉴赏家，他们在思考大厅中央地板上的题：如何用6条直线将16个黑圆圈

连接起来，而且，每个圆圈不能同时出现在2条直线上。

（答案在108页）

43 黄金产权

"爸爸说如果他有什么不测，我们就可以平分他的黄金产权！"

"那个简单。产权所在地就是一块正方形的地！"

"等等！爸爸还说每块地必须与其他3块地分别接壤！"

"还得记住，爸爸说土地必须是真正的边界接壤，土地在角落处的接壤是不算数的。"

这几个49岁的人是如何完成他们父亲的遗愿的呢？

（答案在108页）

世界上令人惊奇的思维游戏

01 天文

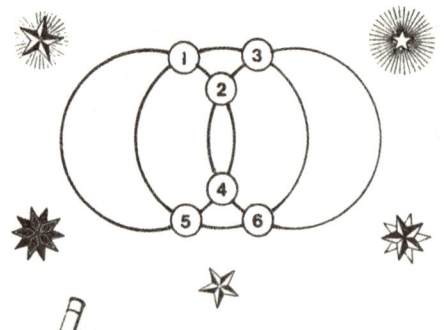

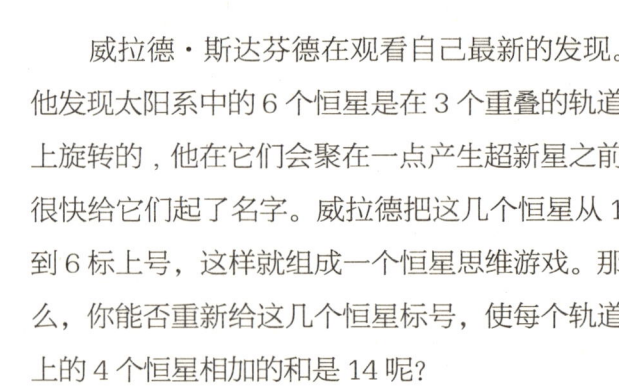

威拉德·斯达芬德在观看自己最新的发现。他发现太阳系中的6个恒星是在3个重叠的轨道上旋转的,他在它们会聚在一点产生超新星之前很快给它们起了名字。威拉德把这几个恒星从1到6标上号,这样就组成一个恒星思维游戏。那么,你能否重新给这几个恒星标号,使每个轨道上的4个恒星相加的和是14呢?

(答案在109页)

咒语

这是一个著名的咒语金字塔思维游戏题。如果从金字塔的顶部开始,即从顶部的"A"到底部的那行字母,你能否算出拼写 ABRACADABRA 的可能途径数呢?在你走下金字塔这 11 层的过程中,你可以向左或者向右分叉并从分叉点的字母下面的两个字母中再任选一个然后继续。

(答案在 109 页)

03 台球

"莱克斯福德,谁把第7个球打进横袋谁就获胜!"

　　上面我们看到的是库申斯·哈利布尔顿即将打进制胜一球,他随后获得了 1903 年曼哈顿花式台球锦标赛的冠军。5 轮之后,他用球杆打进了 100 个球。而每轮他都要比前一轮多打进 6 个球。那么,你能否计算出他 5 轮中的各轮进球数?

(答案在 109 页)

# 04 神庙

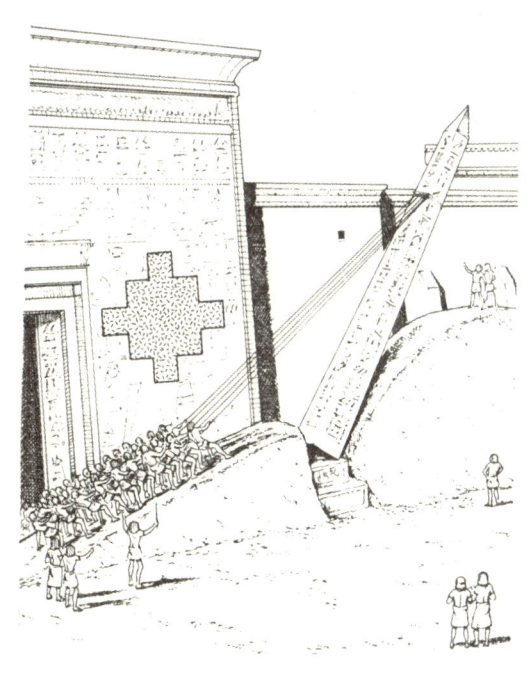

公元前1480年,埃及斯塔姆尤莫斯特神庙刚刚建成。在神庙入口旁边的雕刻是最早有记载的思维游戏。问题是要将这个有20条边的图形切成4块,而且每一块的大小形状都相同,同时,这4部分可以拼成一个完整的正方形。

(答案在109页)

年龄(2)

奈德·诺波是小说中虚构的运动英雄,他在学校的运动生涯比历史上其他任何学生都要长。他运动生涯的$\frac{1}{4}$是在从事橄榄球这个运动项目,接下来的$\frac{1}{5}$是作为大学一年级学生,随后的$\frac{1}{3}$是作为大学二年级和三年级学生,而他的最后13年则是作为大学四年级学生。这之后,他终于退役并且毕业,但他却是班里最后一个毕业的学生。那么,当奈德获得毕业证书时,他的年龄是多少呢?

(答案在110页)

铜锣

  这名罗马士兵不幸落入敌人手中。如果他无法解开这个铜锣的秘密，那么，他将成为太阳神的祭品。那么，你能在铜锣上直切两下，把它分成至少 5 块吗？但是，在切第二下时，不可以把一块放在另一块上。

（答案在 110 页）

07 标志牌

"波普,你说得不对!那个标志牌才是思维游戏呢!你的任务就是把它解答出来,即把标志牌上所有的相同字母用相同的数字来代替。如果正确完成的话,那么你会得出一个正确的数学表达式。你试试,看能不能在我们到达海滩之前把它解答出来!"

(答案在110页)

08 数学题

普里西拉·苏珊女士今天是我们的代课老师，可得当心啊。

"同学们，我上次站在这里已经是好几个星期之前了，这样吧，我给大家出一道题。大家需要把黑板上的这8个数字分成两组，每组各有4个数字，将每组的4个数字排列组合成2个数并相加，而两组相加后的结果必须一致。谁能把这个题解答出来呢？"

（答案在110页）

09 硬币计数器

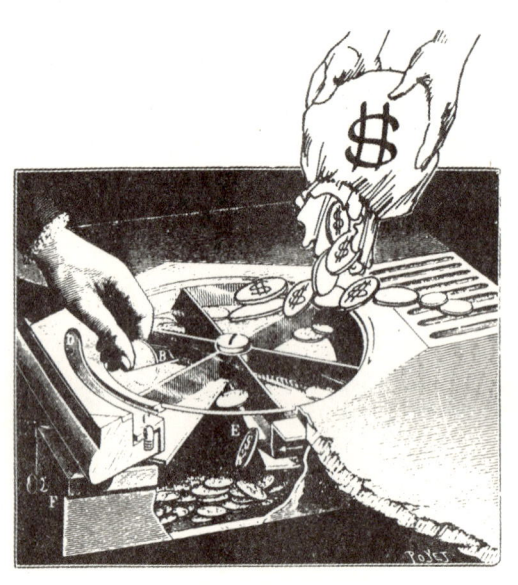

上图是安装在一个银行的克赖顿硬币计数器。特莱梅尼先生正在用一袋子硬币检测它,这个袋子里装了 50 枚硬币,且面值分别为 1 元、5 角、1 角、5 分。经计算后,这些硬币总共 20 元。那么,袋子里每种硬币各有多少枚呢?

(答案在 111 页)

10 风筝

加尔文·博斯特伯这次真的遇到了麻烦。如果风不能平静下来的话,他那个极有"雄心"的风筝真的会把他带到某个神秘之地。这个风筝不仅因为空气动力飞得很高,而且也包含了一道题。风筝的撑木形成了形状各异、彼此相连的正方形。请试试,看你能否正确计算出风筝上大大小小的正方形有多少个。而你只能在60秒之内正确地计算出正方形的总数。

(答案在111页)

11 汽水吸管

特雷塔尔·本特利这次想出来一个好主意。他在桌上摆了24根汽水吸管（如右图所示），这样，便组成了9个小方块。首先，他拿走4根吸管，桌上剩下了5个小方块；把吸管重新放好，这次拿走6根吸管，桌上剩下5个小方块；再一次把吸管放好，这次拿走8根吸管，桌上还是剩下5个小方块！他是怎么做的呢？每个方块的每条边都要有一个吸管。

（答案在111页）

"喂，你们来得正好。我刚刚被特雷塔尔的这个汽水吸管思维游戏给难住了。你们能帮我一把吗？"

欢乐谷

在离开北极之前,圣诞老人停下来制定到城镇——欢乐谷的飞行计划。欢乐谷共有64个家庭,它们的分布位置如下图所示。每个家庭都在他的计划名单上。圣诞老人想从塔克家开始,到维卡家结束。在这个过程中,他的前进路线需要保持直线,按照水平或者垂直方向在家与家之间飞行;但是,不能原路返回或者重复走过的路线。那么,你能否只用21条直线就帮圣诞老人把飞行计划画出来呢?

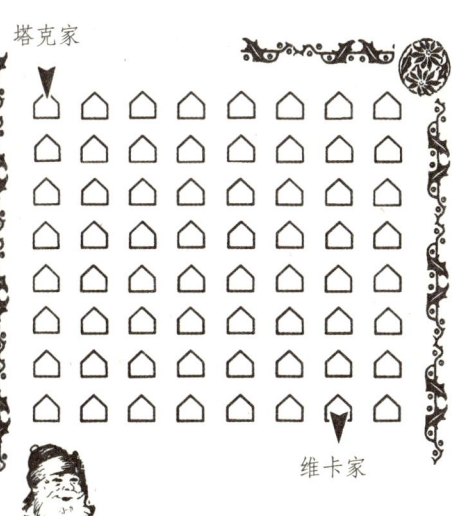

(答案在111页)

13 货物箱

这里我们看到的是赫尔曼·贾泽尔,他正驾驶他那引人注目的贾泽尔管式电车穿过纽约有 100 年历史的河流,在水涨上来之前希望他可以穿过那里。当人们把他的电车用船从他在欧立斯康尼的工厂运出来时,大家就造了一个特殊的盒子把它装了起来。这个盒子有 14 个角、21 个边。那么,你能否计算出这个盒子有多少个面呢?

(答案在 112 页)

14 游戏天才

比利·索尔皮是一位思维游戏天才。下图中的他正在面对一个巨大的挑战。在台上表演时，他经常解答观众提出的问题。最近，一家思维游戏俱乐部的老板十分肯定地认为比利不可能在3分钟之内把下图中的幻方题解答出来；并且他答应如果比利成功的话，他将为比利所热衷的慈善事业捐献1万元。在这个题中，比利需要将格子内的数字重新排列，使每行、每列中的数字不能重复出现两次；同时，两条对角线上的数字也不能重复出现两次。如果排列正确的话，那么每行、每列中的数字相加的总和为10。比利真的在3分钟之内把这个难题解答出来了，那么，你呢？

（答案在112页）

世界上令人惊奇的思维游戏

15 直线

巴罗·威盖特退休后便搬到了山区,他确信他的电视天线大得足够接收到他喜欢看的节目。那么,你能否用一笔将这个天线画出来?前提是直线不能在任意点交叉或者与已画直线重复。

(答案在112页)

十字形

古代巫师梅林为你准备了一个有趣的问题。布置5行圆点,每行各有5个。现在,设法用一笔将圆点连成一个十字形。完成的时候,十字形的外面应该有8个圆点,而里面则有5个圆点(十字形的边长都相等)。

(答案在113页)

17 赛车

著名的佛塔纳兄弟是单轮脚踏车赛的冠军,他们总是在4个长为$\frac{1}{3}$千米的圆形轨道上进行赛前练习。兄弟4人从中午开始每人沿着一个轨道进行骑车练习,他们各自的速度分别为每小时6千米、9千米、12千米以及15千米。直到他们第4次在圆圈中央相遇时才停下来。那么,他们需要骑多长时间呢?

(答案在113页)

18 玩具店

这个框架有9个三角形。请你拿走4根梁,使它剩下5个大小相同的三角形。

卡拉培尔又迎来了思维游戏展览会,所有的商人都用思维游戏装饰自己的销售窗口。迪利·托诺尔是提沃利市迪利·托诺尔玩具店的老板,今年她想出来一个很好的题目。她用儿童玩具做了一个由9个大小相同的三角形组成的金字塔。如果你想进入最后决赛,你必须使这个金字塔在移走4根梁之后留下5个相同大小的三角形。那么,你有没有兴趣参加这个比赛呢?

(答案在113页)

 鸡蛋

当你下次参加派对时,就可以用这个"巨蛋"游戏为难你的朋友。由于这个游戏可能会把周围弄脏,所以最好在厨房进行。挑战在场的所有人,跟他们进行鸡蛋平衡比赛。在桌子上放1个鸡蛋、2把叉子、1个瓶塞和1根拐杖。你事先声明自己可以用2把叉子和1个瓶塞把鸡蛋稳放在拐杖的末端。先让他们来尝试。在清理干净他们打碎鸡蛋的痕迹之后,你再来展示这个过程。

(答案在114页)

20 蛇

"辛西娅,你觉得它怎么样?这是一个真正的杜德尼线条绘画思维游戏。

"这个题要求你用一笔尽可能地把这条蛇画完整。你可以从任何地方开始画,也可以在任意地方结束,但是你不可以将笔从纸上抬起来,也不可以与已画部分交叉或者重复。这是一个很好的绘画题,在它上面花的每一分钟都很值。"

"好极了,巴兹尔。问题是什么?"

(答案在114页)

21 测量

世纪之交时,哈姆雷在伦敦的商店销售各种各样的思维游戏盒子。上图中的盒子里有白、绿、红3种不同颜色的罐子。绿色罐子的容量比红色罐子多3升,而白色罐子的容量则比绿色罐子多4升。现在的问题是用这3个罐子来准确量出2升的水。那么,你如何只倒9次就可以把水量出来呢?

(答案在115页)

22 亚当和夏娃

"朋友,你不会没听见吧!"

$\dfrac{EVE}{DID} = .TALKTALKTALKTALKTALK\ldots$

亚当从别人那里收到一封信。可是,我们发现这封关于夏娃的信却给我们留下一个很大的难题。那么,你能用相同的数字代替相同的字母最后得出一个正确的数学表达式吗?

(答案在 115 页)

太妃糖

莫尔博斯太太代售各种好吃的东西,也包括糖果。近来,她的生意肯定不错。她在上面为你准备的是一个有关糖果的题。如果你想免费品尝太妃糖,需要把21块糖排成9条直线,每条直线上有5块。当然,每块糖不止在一条直线上。

(答案在115页)

调换(2)

在上图的棋盘上将3枚5角硬币放在1、2、3号方格内,然后将3枚1角硬币放在5、6、7号方格内,接着再将它们的位置互换。在这个过程中,你可以将硬币移动到与之相邻的空格内或将其从与之相邻的硬币上跳到后面的空格内,你可以沿水平或者垂直方向移动。请设法在15步之内将硬币相互交换位置。

(答案在115页)

25 多米诺骨牌

准备 7 个多米诺骨牌，然后把它们搭建成一个小塔（如图所示）。再拿一个骨牌放在塔的前面，你可以在塔不塌的情况下利用这个骨牌将 A 骨牌从塔上移开吗？除了用 B 骨牌之外，你不可以用其他东西接触塔。

（答案在 116 页）

26 应聘

珀西瓦尔·彭布罗克丢掉了自己的高薪工作,他想再找一个也不过是小菜一碟。但是,他应聘的金融投资公司却给了他一个措手不及。公司给他出了一个能力测试题,而他没有通过!他们给了他4个正方形和8个三角形,他的任务是在5分钟之内把它们拼成1个正方形。那么,你能否通过金融公司的这个测试呢?

(答案在116页)

27 英雄

"弗雷斯,你赢得了年度思维游戏大赛的冠军,你是我心目中的英雄!"

"埃尔利达,那个太简单了。我需要做的只是将数字1、2、3、4、5、6、7、8、9按照某种方式排列,使它们相加之后的总数为99999。这做起来简直就是小菜一碟。"

如果你能答出来,那么,你也是英雄。

(答案在117页)

28 瓢虫

蝴蝶表演结束了,接下来桑蒂尼将带来精彩的瓢虫表演,这一有史以来最伟大的表演将展示昆虫如何准确前进的。在3分钟之内,将7只瓢虫排成一行,这样,它们外壳上的字母就会有很多的排列方式。那么,你能判断出共有多少种排列方式吗?

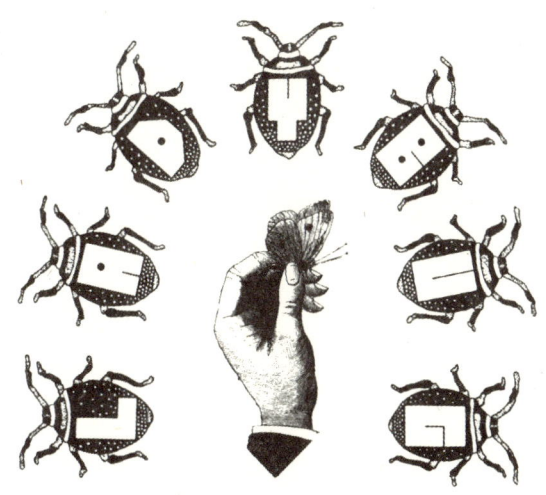

(答案在117页)

29 雪橇

下次当你外出滑雪时,如果你想在温暖的临时营地赢得一块热巧克力的话,这里有一个万全之策。跟你的朋友说他们不可能把6个滑雪橇组成8个完整的三角形。如果你没有外出滑雪,你也可以用汽水吸管来完成。

(答案在117页)

30 栅栏

查普曼先生准备在自己房子外边的路上围一个新栅栏。这段路长99米,每对栅栏柱相隔3米,柱子之间有3个横杆。西姆斯拿来33根栅栏柱、99根横杆以及99米长的围栅栏用的铁丝,但他却不能完全围成栅栏。那么,西姆斯错在哪里了呢?

(答案在117页)

31 派对

家庭生日派对在过去很流行。当然,他们会做很多游戏。下图就是旧时的一个有名的派对游戏。在桌子上放 12 个盘子,然后在每个盘子里放 1 枚硬币。接着,将一个盘子里的硬币拿走,按逆时针方向移动,并跳过 2 枚硬币,然后放在下一个只放 1 枚硬币的盘子里。重复这个动作,并按逆时针方向从任意一个只放 1 枚硬币的盘子开始游戏。你所跳过的 2 枚硬币是在 1 个盘子里还是在 2 个盘子里都无关紧要。移动 6 次之后,桌子上必须有 6 个空盘子以及 6 个各有 2 枚硬币的盘子。同时,在 6 次之后,你要回到你刚开始的盘子边。这个游戏的目的是找出绕行桌子的最少圈数。

(答案在 118 页)

32 电池

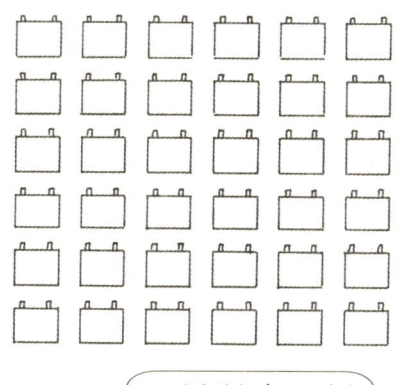

"快收拾东西,米尔德里德,我们很快就会在去海洋树林的路上!"

埃尔默·拉泽罗是电池城的主人,这个电池城位于威斯康星州的拉辛市。他举办了一场比赛,也就是图中的两个人所提到的比赛。他在陈列室的地上将36块电池摆成了一个正方形,并答应提供给任何一个答对的人一次为期两周的费用全免的新泽西州海洋树林之旅。但是要求如下:参加比赛的人必须从上面拿走6块电池,使剩下的每行电池不论在水平方向还是垂直方向都保持偶数。从上面我们可以看出威拉德好像找到了解决办法。

(答案在118页)

33 泰迪玩具熊

上图中的 3 个女人在最近的节日期间共同投资经营一家泰迪玩具熊店。在开业的当天上午，她们先将相同数量的玩具以 10 元出售；下午的时候，她们更改了玩具熊的数量，但仍以 10 元出售。有趣的是，一天结束的时候，她们虽然卖了不同数量的玩具熊，但是赚的钱数却相同。那么，你能知道这是怎么回事吗？

（答案在 118 页）

34 时钟

重达2吨的底特律大钟在费城举办的展览会上大放异彩。这个大钟既可以为13座城市报时,也可以体现季节的变迁,还可以显示太阳周围的行星运行的轨迹。这个大钟同时也引发了下面的疑问:从午夜到正午时分,大钟的时针和分针相遇(重合)了多少次?

(答案在119页)

35 机器人

世界上的许多超现实的梦想都源自这个机器人思维游戏。下图中的机器人的不同部位已经用由1到12这几个数字标注。由于某种奇怪的原因,他无法离开这个超自然的行星,除非他身上的数字可以以7种不同的方式重新排列,并使各行各列相加的结果都是26。其中包括水平的两行数字、垂直的两行数字、4个中间的数字、胳膊上的4个数字以及脖子和腿上的4个数字。

(答案在119页)

36 胶合板(2)

海勒姆·鲍尔皮尼不仅是当地最好的杂务工人,而且也是一个思维游戏业余爱好者,他的作品都是自己通过切割创作的。梅尔是他忠实的助手,他买了一块胶合板,上面有3个正方形的洞。梅尔向海勒姆提出挑战:把它切成两块,并使它们正好可以拼成一个没有洞的矩形。那么,你认为海勒姆会从哪里下手呢?

(答案在119页)

喂狗的硬饼干

小狗杰姬约了她的几个朋友参加狗食饼干思维游戏派对。像往常一样,她的朋友仍在问题解答出来之前把组成思维游戏的饼干全部吃掉。派对中的问题如左图所示,即要求你在铅笔不离开纸的前提下用4条直线将这9块饼干连起来。这个游戏你可要好好想一会儿。

(答案在120页)

38 竞技比武大会

这个思维游戏的创作灵感来源于在新泽西州欧文顿的古老奥林匹克公园举行的竞技比武大会。将8枚硬币正面朝上放在右图中各圆圈内的动物上,然后,设法用7步使其中的7枚硬币背面朝上,每一步都要从正面朝上的那枚硬币开始计数。数出4枚硬币,并使第4枚硬币背面朝上。数硬币时,不用考虑硬币是正面还是背面。

(答案在120页)

39 电车

古老的阿斯伯里·帕克电车路线共有12站，由17条1千米的铁轨相连接。巴顿·科鲁尔是铁轨的巡视员，他每天都要检查这17条铁轨。检查的时候，他总是不止一次路过某些铁轨。那么，你能否为巴顿设计出最佳的检查路线，使他每天在巡视时走最少的路程呢？

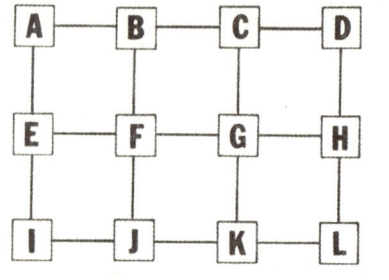

（答案在120页）

香水瓶

图中是一个塞有塞子的未装满的科隆香水瓶,你如何计算出瓶中液体所占瓶子的百分比(瓶塞所占空间面积不计)?你能使用的只有一把尺子,同时,你不能将瓶塞从瓶子上拿走。你有5分钟的时间计算出结果。

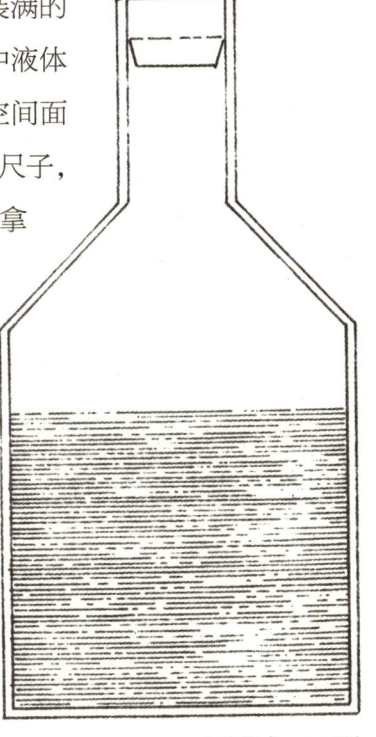

(答案在120页)

41 序列中的数字

"西比尔,我知道你很喜欢思维游戏,所以我一听到这个新的大难题,就飞奔过来了。这是一个递进的题。下面序列后的数字是什么:1, 2, 6, 24, 120, 720, …"

"很好,西德尼,很感谢你一有思维游戏就首先想到我,但是如果我解答出来的话,我希望你会为我买一盒糖果!"

西德尼很迷恋思维游戏,因为会学到许多东西。请你试试,看能否在他从当地的糖果商店回来之前把这个题解答出来。

(答案在 121 页)

42 竞赛

克尔特林银行正在举行一年一度的思维游戏竞赛,而设立的一等奖几乎世上难寻。这里有个提示可以帮你获胜。找出最小的一个数,使它与2、3、4、5、6、7、8、9、10相除后得出的余数都是1。

(答案在121页)

43 抢劫

劫匪布莱克·巴特第13次袭击丹佛公共马车时,他实在是不走运。唯一的现金是他在一个推销员的旅行包里发现的,这些硬币总计5元。而这5元正好是由丹佛铸币厂铸造的100枚硬币组成。那么,你能判断出各种硬币的面值以及包内各种硬币的个数吗?

(答案在121页)

44 玩纸牌

上图是派波尔教授于 1896 年在伦敦的埃及礼堂展示的著名的幻灯片思维游戏。在这个题当中，3 张纸牌并排放置，正面朝下。下面给出了特征线索：有一张牌是 2，它在 K 牌的右边；一张方块牌位于一张黑桃牌的左边；一张 A 牌位于一张红桃牌的左边；红桃牌位于黑桃牌的左边。那么，你可以把每一张牌都猜出来吗？

（答案在 121 页）

理发师

法国的一个小镇有两个理发师：亨利和皮埃尔。亨利很注重外表，他的发型总是很整洁，而皮埃尔的发型却总是很难看而且也该刮脸了。亨利经常说他宁愿为两个德国人理发也不愿意给一个美国人理发。你知道这是为什么吗？如果你拜访那个小城，你会去哪一家理发店理发呢？

（答案在 121 页）

46 神奇的幻方

"夫人,您现在是全法国最伟大的数学家。1779年的新年快到了,我命令您想出一个幻方思维游戏。只要相加的结果等于年份的最后两位数字就可以了。"

"我听从您的命令,尊贵的梅斯梅尔。前4个数字是26、15、28和27,请您把它们放在第3、5、10和16号方格内。"

那是1779年,追求时尚的催眠士弗朗茨·安东·梅斯梅尔准备在圣诞前夜招待他的贵族朋友。右图中他的实验对象正在解答他的思维游戏。这个题要求幻方

上的数字在每个方向上,即水平、垂直以及对角线的相加结果都等于79。而读者朋友需要补充剩下的12个数字,这些数字要从11到29中选择。但是,每个数字都只能出现一次。

(答案在121页)

47 符号

虽然流感季节来临,但是优秀的代课老师普里西拉·苏珊女士却毫不退缩。

"同学们,我看了昨天的测试结果,你们需要在如何使用符号上进行练习。上

9 + 8 + 7 + 6 + 5 + 4 + 3 + 2 + 1 = 0
把 1 个加号改为乘号(×)
把 4 个加号改为减号(-)

面的数学表达式是不正确的,你们只有把一个加号改为乘号,4 个加号改为减号才能使它前后成立。因为这是最后阶段,所以即便下课铃响也要继续安心把它解答出来。"

(答案在 122 页)

48 银行业务

"恭喜你，斯本登勃洛先生。你已经通过申请获得贷款的所有资格。可是，我们还要最后检测你管理钱财的能力。国家银行的思维游戏第一人设计了下面的题。你必须将这6枚1角硬币放在格子里的点上，但是要保证水平方向、垂直方向或者对角线上的同一条直线上不能同时出现2枚硬币，你只有10分钟的时间解答这个题。"

（答案在122页）

49 竞赛之后

"嗨，琳达！我知道你这道思维游戏的答案了！"

"迈克，我参加竞赛的思维游戏是跟数字有关。题中要求用1到9这几个数字代替图中的字母，最后得出一个正确的乘法式。数位上的不同字母代表不同的数字。"

（答案在122页）

世界上超难的思维游戏

01 胶合板(1)

沿图1虚线切木板，然后按图2中的样子排列。

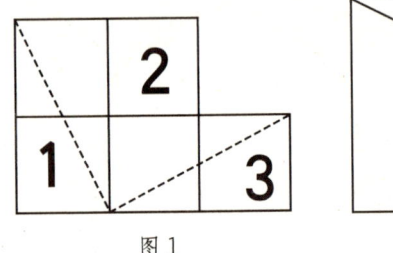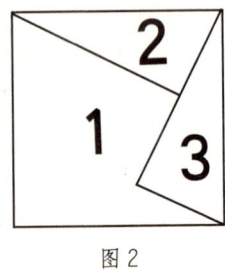

图1　　　　　　　图2

02 画线

答案如下：

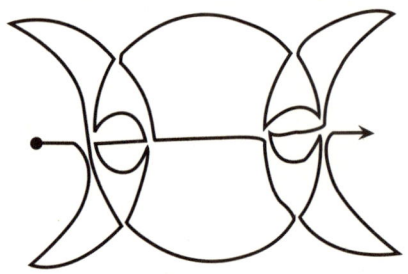

03 面粉

在第一层，将布袋（7）和（2）交换，这样就得到单个布袋数字（2）和两位数字（78），两个数相乘结果为156。接着，把第三行的单个布袋（5）与中间那行的布袋（9）交换，这样，中间那行数字就是156。然后，将布袋（9）与第三行两位数中的布袋

(4)交换，这样，布袋(4)移到右边成为单个布袋。这时，第三行的数字为(39)和(4)，相乘的结果为156。总共移动了5步就把这个题完成了。

04 玻璃杯

在拿走玻璃杯之前，先把第二根火柴点着。然后，再用它点着支撑在两个玻璃杯之间的那根火柴；当这根也点着时，等一两秒钟，然后吹灭。稍等片刻，这根火柴就会熔贴在玻璃杯上。然后，你可以将另一侧的玻璃杯拿走，这时，这根火柴将会悬在空中。

05 零件

9个垫圈等于1个螺钉的重量。

06 年龄(1)

马奇现在30岁，她的妹妹维罗妮卡10岁。

07 古董商

答案如下页图：

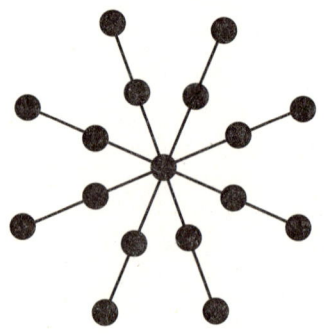

08 立方体

所需要的最少的石块数是128。立方体的每条边上有4个石块（4×4×4 = 64个石块）。广场的每条边有8个石块（8×8 = 64个石块）。这样一来，广场边长是立方体边长的两倍的条件就可以满足了。

09 排列数字

答案如下图：

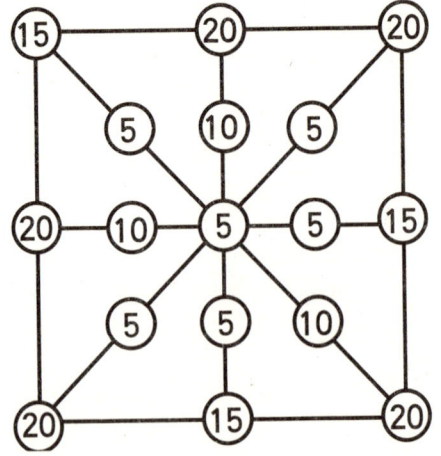

10 圆点

答案如下图:

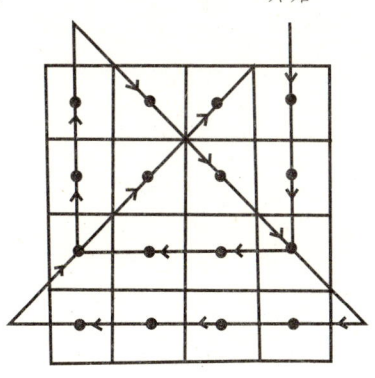

11 落纸

将纸张 a 抟成球,当同时松手时,抟成球的纸会直接落地,而纸张 b 则会缓缓落地。

12 幻方游戏

答案如下图:

16	3	2	13
5	10	11	8
9	6	7	12
4	15	14	1

13 轮船

这 3 艘轮船下次同一天驶出纽约港需要等到 240 天以后。因为 240 是 12、16、20 的最小公倍数，在这期间 3 艘轮船都可以完成航行。至于这段时间，每一艘轮船所航行的次数，可以按以下方式计算。

第一艘轮船：240÷12 = 20 次；
第二艘轮船：240÷16 = 15 次；
第三艘轮船：240÷20 = 12 次。

14 小鸡

如果按照正常计算，艾米和贝茜分别会卖得 15 元和 10 元，一共是 25 元。当贝茜带 60 只小鸡去集市，每 5 只小鸡中，2 只是自己的，3 只是艾米的，这样直到把艾米的小鸡卖完；接下来，她开始卖自己剩下的 10 只小鸡。按理说，她自己的 5 只小鸡应该价值 2.5 元，但是，在最后两笔交易中她每次都损失了 5 角。所以，最终少了 1 元。

15 递进

数字 3 是这组递进数字的关键。你必须按照减去 3，除以 3，加上 3，减去 3，除以 3，加上 3 的顺序计算。我们先从第 1 洞的分数 12 中减去 3，得出 9，即第 2 洞的分数；然后让 9 除以 3，得出 3，即第 3 洞的分数；接着，再加上 3，得出 6，即第 4 洞的分数；再从 6 中减去 3，得出 3，即第 5 洞的分数；然后，再除以 3，得出 1，即第 6 洞的分数；最后，第 7 洞的分数就是 1 加上 3，得出 4，即这个题的答案。

16 标志语

首先，按照图 1 所示的样子，将纸折叠。然后，再连画三笔。现在，握住笔不动，并按照图 2 所示的样子将纸打开。接下来，你就可以按题中的要求,即笔不离纸、线不重复,将这个标志画出来了。

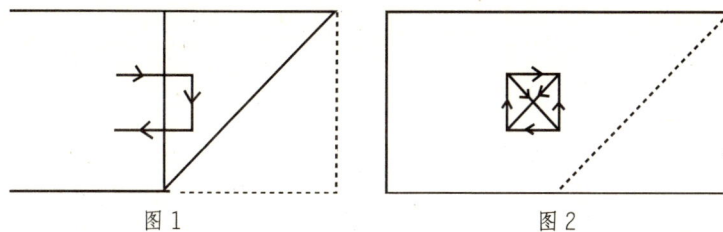

图1　　　　　　　　图2

17 地毯

他先沿着图1中虚线把地毯剪开,然后,再把上半部分的地毯向左下方移动,这样,就正好可以与下半部分的地毯合并在一起(参见图2)。然后,将它们缝合成一个完整的正方形地毯。

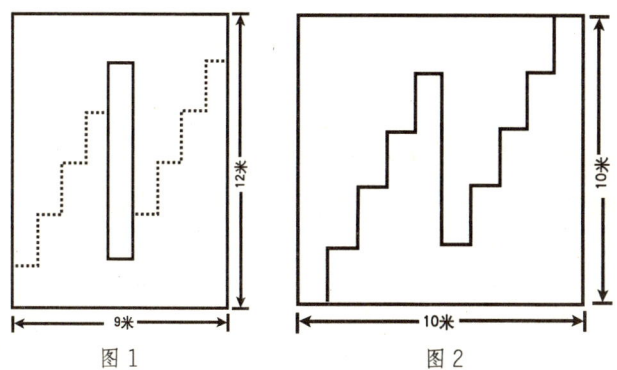

图1　　　　　　　　图2

18 赛马

贝特萨罗特教授应该按以下方式下注:斯威·贝利,12元;杨特·萨拉,15元;桑德·胡弗斯,20元。当然,如果别的马获胜的话,教授就太不走运了。

19 字母连线

答案如下:

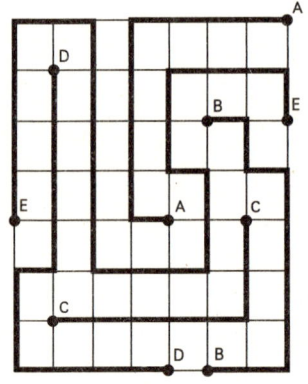

20 跳房子

答案如下:

21 火柴棍

如果我们把这些火柴拼成一个直角三角形(如右图所示),那么这个三角形的面积为24平方厘米(8厘米×6厘米÷2 = 24平方厘米)。然后,按照图中的样子将4根火柴放进三角形内,这样,减去阴影部分的12平方厘米的面积,剩下就是一个面积为12平方厘米的区域。

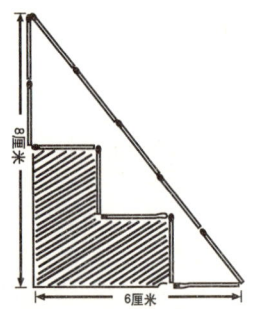

22 圆圈

将字母用以下数字来代替：a = 2, b = 11, c = 8, d = 1, e = 14, f = 4, h = 13, i = 5, j = 9。

23 面包

因为面包是 3 个人平分的，那么，每个人就吃了 $2\frac{2}{3}$ 片面包。这就是说那个拿 3 片面包的人只分给了弗西斯 $\frac{1}{3}$ 片面包，而那个拿 5 片面包的人则分给了弗西斯 $2\frac{1}{3}$ 片面包，这样，他分出的面包是第一个人的 7 倍。因此，他有资格分得 7 枚硬币，而第一个人只能分得 1 枚硬币。这就是公平的解决办法。

24 密码

答案为：37—37—37。这几个数计算如下：37×3 = 111；37×6 = 222；37×9 = 333。

25 调换(1)

这 22 步依次如下：10 号到 5 号、1 号到 8 号、11 号到 6 号、2 号到 9 号、12 号到 7 号、3 号到 4 号、5 号到 12 号、8 号到 3 号、6 号到 1 号、9 号到 10 号、7 号到 6 号、4 号到 9 号、12 号到 7 号、3 号到 4 号、1 号到 8 号、10 号到 5 号、6 号到 1 号、9 号到 10 号、7 号到 2 号、4 号到 11 号、8 号到 3 号、5 号到 12 号。

26 纸牌

我们知道，可以排列的最多的偶数行列数是 16。下页图就是所要画出的棋盘。你也可以把纸牌放在与之不同的地方，但是结果要保持一致。

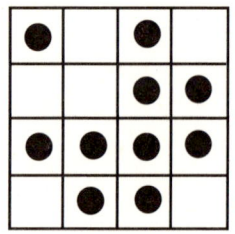

27 死亡三角

答案如下图所示:

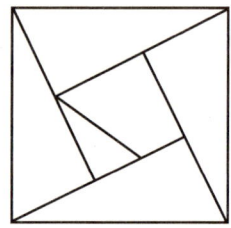

28 移动

首先,将第 4 根火柴点着,然后,用它点燃 3 根按金字塔形状放置的火柴。之后,快速将这 4 根火柴熄灭。这时,你会发现组成金字塔的 3 根火柴已经粘在一起,这样,你就可以用第 4 根火柴轻而易举地把它们从桌子上抬起来。

29 瓶塞

将水缓缓倒入玻璃杯,直到水平面几乎超出杯口。如果你小心操作的话,液体的表面张力会使水稍稍凸起。这样,瓶塞便会向上"漂"直到杯子的中央并停留在那里。

30 长方形

题中的 12 个黑色圆点可以画出 20 个长方形。大家可能漏掉的 2

个长方形已经在下图中画出。

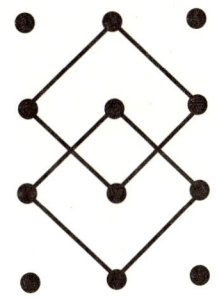

31 手提箱

在演出开始之前,先在手提箱内放两样东西。在伸出桌子的那边放一大块铁,而在另一边放一大块冰,冰块的重量再加上手提箱这边的重量便可以抵消铁块的重量。但是,当冰块融化的时候,水就会均匀地分布在手提箱里,这样,铁块的重量足以使手提箱从桌子上掉下来。这也可以称得上是一种计时装置。

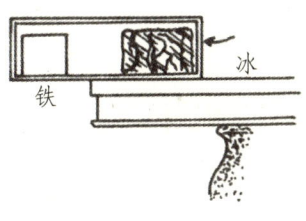

32 从 A 到 Z

答案如下图所示:

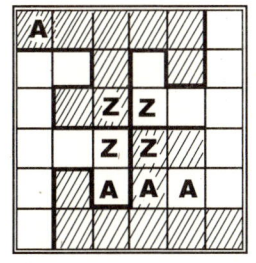

33 潜水艇拦截网

如果将这个网剪成两半，最少需要 8 步。从 A 开始，由上向下剪到 B。

34 遗嘱

他留给后人的是"一无所有"。

35 照相

爷爷一共邀请了 16 个亲戚朋友，一卷胶卷可以照出 60 张照片。

36 撞球

答案如下图所示：

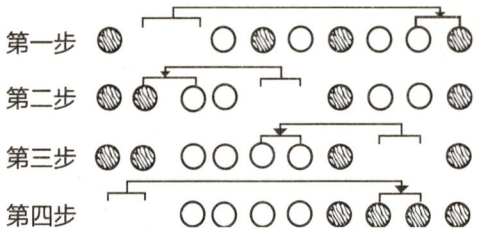

37 小狗

如下图，将图 1 中的大纸环（b）折叠，然后把小纸环从 d 处塞入。现在，将小狗挂在纸环上（如图1所示）。然后，把小纸环再滑回末端（d），并套在小狗上。展开大纸环，这样，便完成了（如图2所示）。提示：当你折叠大纸环时，只需将纸弯曲，不要把它弄皱。只有这样，你再展开纸环时就看不出它被折叠的痕迹了。

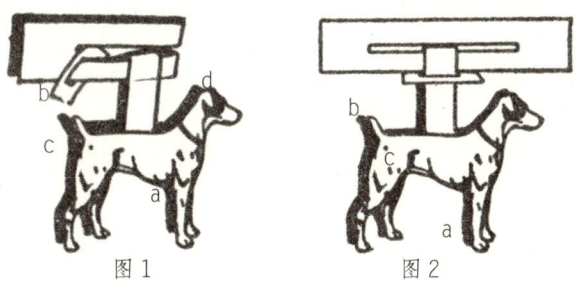

图1　　　　图2

38 市议员

格拉德汉德尔先生获得1336张选票；墨菲先生获得1314张选票——少了22张；霍夫曼先生获得1306张选票——少了30张；唐吉菲尔德先生获得1263张选票——少了73张，共5219张选票。

39 汽车

题中在1948年所提到的汽车是：
（1）产于1924年的艾塞克斯轿车，它已经买了24年。
（2）产于1928年的林肯敞篷车，它已经买了20年。
（3）产于1932年的杜森伯格汽车，它已经买了16年。
（4）产于1936年的考特812型汽车，它已经买了12年。

40 棋子

下页图展示了如何将12个棋子排成7行——水平方向3行、垂直方向3行和一条对角线（从右上角到左下角），每行各有4个棋子。

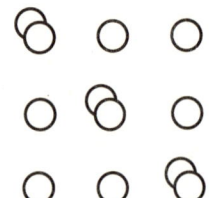

41 拍卖

每个留声机是 600 元；每个酱油壶是 300 元；每个人形水罐是 100 元。

42 花园

答案如下图所示：

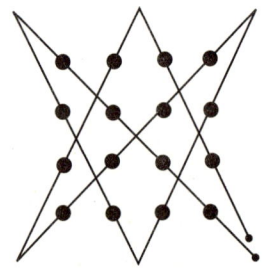

43 黄金产权

律师特雷弗·托兹是按下面的方法帮他们平分遗产的。

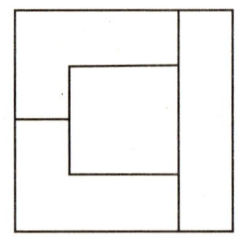

世界上令人惊奇的思维游戏

01 天文

答案如下:

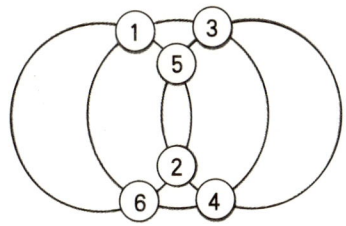

02 咒语

从顶部A开始,下面有两条路可以选择。而从两个B分别向下一行移动,那么,可以有4种选择到达第三行。也就是说,每到下一行可以选择的移动方法是所在行的2倍。从顶部A向下共有10层。所以,如果按照1×2来算,然后将所得结果乘以2,接着再乘以2,这样重复10次,你便得到所有可能的移动方法,即1024种。用数学表达式表示就是2^{10},或者是$2×2×2×2×2×2×2×2×2×2$。

03 台球

他这5轮中,每轮分别打进了8、14、20、26、32个球。

04 神庙

先按照图1的样子切开,然后按照图2所示将它们拼成一个正方形。

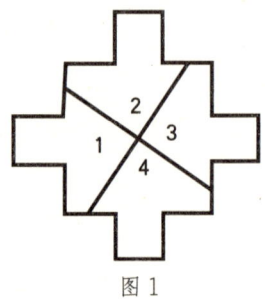
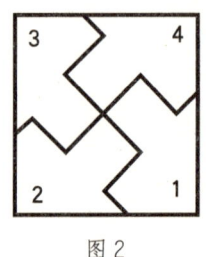

图1　　　　　　　图2

05 年龄(2)

当奈德毕业时，他已经60岁了。

06 铜锣

沿图中的切线可以将铜锣切成5部分。

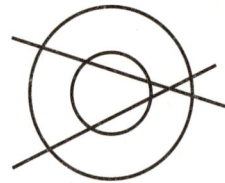

07 标志牌

```
  96233
+ 62513
-------
 158746
```

08 数学题

需要得出下面的答案：

```
  173            85
+   4         + 92
-----         -----
  177           177
```

09 硬币计数器

这 50 枚硬币分别是:12 枚 1 元硬币、12 枚 5 角硬币、14 枚 1 角硬币、12 枚 5 分硬币,总共为 1×12+0.5×12+0.1×14+0.05×12=20 元。

10 风筝

这个风筝上有 17 个正方形,它们是由 4 种不同大小的正方形组成的。每一种大小的正方形的个数见下图:

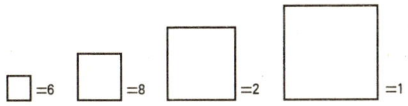

11 汽水吸管

答案如下图所示(图 1 拿走 4 根,图 2 拿走 6 根,图 3 拿走 8 根):

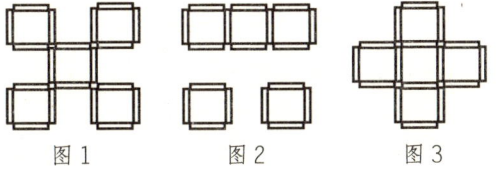

12 欢乐谷

下图是解决方案中的一种:

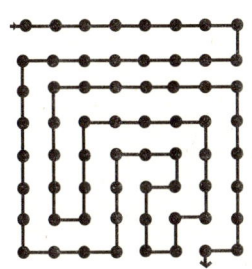

13 货物箱

因为固体表面很平,上面并没有洞,所以盒子的面和角的总数要比边多 2 个。因此,货物箱有 9 个面(如下图所示)。

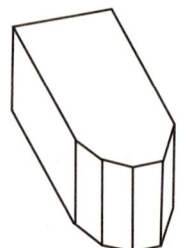

14 游戏天才

在这个题中,数字的排列方法有很多,下面是其中之一。

4	1	3	0	2
3	0	2	4	1
2	4	1	3	0
1	3	0	2	4
0	2	4	1	3

15 直线

答案如图所示:

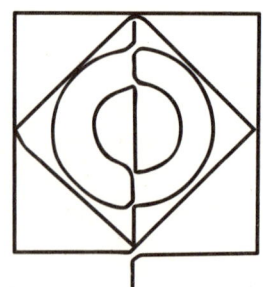

16 十字形

答案如图所示:

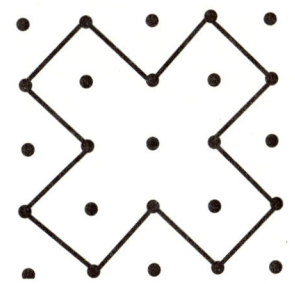

17 赛车

巴里、伯特、哈利和拉里骑车行走 1 千米所用的时间分别是 $\frac{1}{6}$ 小时、$\frac{1}{9}$ 小时、$\frac{1}{12}$ 小时和 $\frac{1}{15}$ 小时。所以,他们行走一圈所用的时间就分别是 $\frac{1}{18}$ 小时、$\frac{1}{27}$ 小时、$\frac{1}{36}$ 小时和 $\frac{1}{45}$ 小时。这样,他们会在 $\frac{1}{9}$ 小时之后第一次相遇(即 $6\frac{2}{3}$ 分钟)。4 乘以 $6\frac{2}{3}$ 分钟得出 $26\frac{2}{3}$ 分钟,即他们第四次相遇所需要的时间。

18 玩具店

答案如图所示:

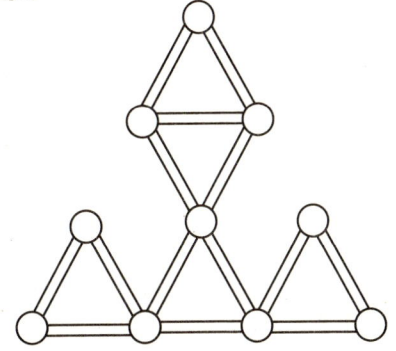

19 鸡蛋

将两把叉子插在瓶塞上,使它们与瓶塞保持60°(如图所示)。然后,把瓶塞底部挖空,使它能够紧贴在鸡蛋大头那边。现在,把插有叉子的瓶塞放在鸡蛋上面;然后把鸡蛋放在拐杖的末端。稍微调整之后,你就可以把鸡蛋完好地放在上面了。

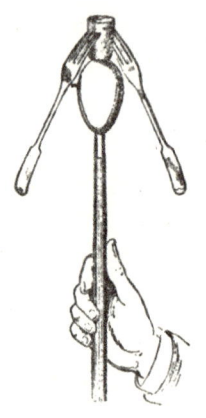

20 蛇

和大多数线条思维游戏不同,这幅画不可能用一笔画出来。它需要画12条线才可以完成。这个思维游戏要求你找出最长的那条线。在下图中,从A点开始、在B点结束的线条是本题的答案。另外的11条线已经用虚线标出。

21 测量

以下是解决这个题的9个步骤：(1) 将绿色罐子注满水；(2) 将绿色罐子内的水倒入红色罐子；(3) 把红色罐子内的水倒回水池；(4) 将绿色罐子内剩下的水倒入白色罐子内；(5) 将绿色罐子注满水；(6) 将绿色罐子内的水倒入红色罐子；(7) 将绿色罐子内剩下的水倒入白色罐子内；(8) 将绿色罐子注满水；(9) 将绿色罐子内的水倒入白色罐子内。这时，绿色罐子内就剩下2升的水。

22 亚当和夏娃

这个题的答案是：

$$\frac{242}{303} = .798679867986\cdots\cdots$$

23 太妃糖

答案如图所示：

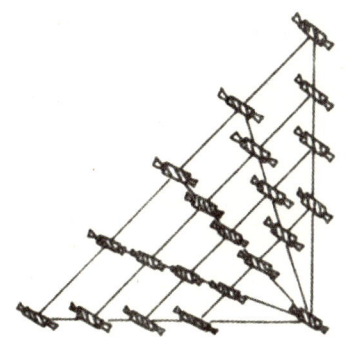

24 调换(2)

答案为：从1号移到4号、从7号移到1号、从6号移到7号、从5号移到6号、从3号移到5号、从2号移到3号、从1号移到2号、从7号移到1号、从6移到7号、从5号移到6号、从3号移到5号、从2号移到3号、从1号移到2号、从7号移到1号、从4号移到7号。

25 多米诺骨牌

这个题的答案就是快速行动。移动B骨牌使其垂直竖立时正好可以碰到A骨牌的边。将你的食指穿过塔的拱门，然后放在B骨牌的底边并且按紧；之后，"弹起"并迅速击打A骨牌。这样，A骨牌便会从塔上分离，它上面的骨牌随即落在两边竖立的骨牌上，而塔安然无恙。

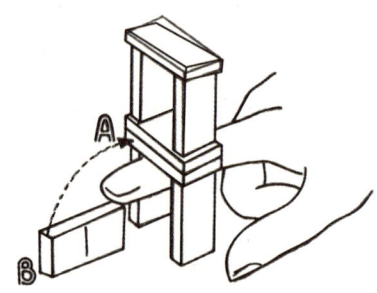

26 应聘

答案如下图所示：

27 英雄

答案如下:

```
  98765
+  1234
───────
  99999
```

28 瓢虫

一共有 5040 种不同的排列方式（即：7×6×5×4×3×2×1 = 5040）。

29 雪橇

答案如图所示（下图有 6 个小三角形和 2 个大三角形）。

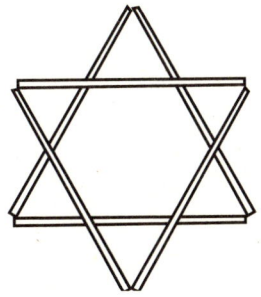

30 栅栏

每 3 米长的栅栏都是从左边的栅栏柱开始延伸，唯有最后 3 米长的栅栏是从左边的栅栏柱开始、在右边的栅栏柱结束。因而西姆斯应该买 34 个栅栏柱，并非 33 个。

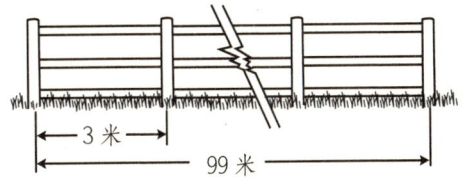

31 派对

这里有一个解决办法,即从离那个男孩子最近的 1 号盘子开始:将 1 号盘子内的硬币移到 4 号盘子、将 5 号盘子内的硬币移到 8 号盘子、将 9 号盘子内的硬币移到 12 号盘子、将 3 号盘子内的硬币移到 6 号盘子、将 7 号盘子内的硬币移到 10 号盘子、将 11 号盘子内的硬币移到 2 号盘子。再次绕桌子一圈便可回到 1 号盘子。这时,你一共绕桌子 3 圈。如果绕桌子 4 圈,那么这个题很容易解决。

32 电池

下面是解决这个题的一种方法:

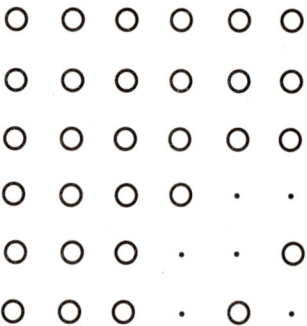

33 泰迪玩具熊

她们开始以 10 元出售 3 个玩具熊。第一个女人卖了 30 只玩具熊,赚了 100 元;第二个女人卖了 24 只玩具熊,赚了 80 元;第 3 个女人卖了 21 只玩具熊,赚了 70 元。下午的时候,她们开始以 10 元出售 1 只玩具熊。这样,第一个女人卖了她最后的 3 只玩具熊,赚了 30 元;第二个女人卖了剩下的 5 只玩具熊,赚了 50 元;第三个女人卖了剩下的 6 只玩具熊,赚了 60 元。所以,她们每个人都赚了 130 元。

34 时钟

答案是 11 次。时针和分针在每个小时里相遇的时间会比前一个小时晚大约 5 分钟。从午夜开始计算,两个指针会在以下时间相遇:1:05;2:10;3:16;4:21;5:27;6:32;7:38;8:43;9:49;10:54;12:00。

35 机器人

答案中的一种如图所示:

36 胶合板(2)

先沿着图 1 中的虚线切割,然后,将上面那块板向下滑动,使它挪到左边,这样便可得到一块实心板(如图 2 所示)。

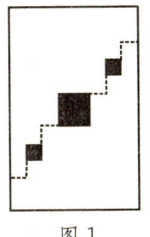

图 1

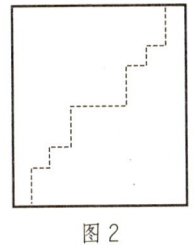

图 2

37 喂狗的硬饼干

答案如下图所示：

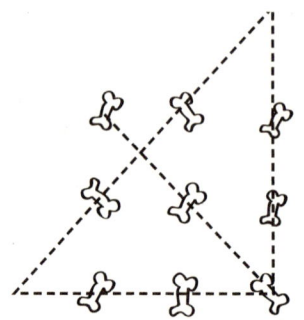

38 竞技比武大会

首先，要从一个方向进行。其次，当你把一枚硬币翻过来后，先跳过下一枚硬币，然后再开始计数。

39 电车

巡视员的行走路程可以减少到 19 千米，他只需重复两次路过两条铁轨。他的巡查路线为：E-I-J-K-J-F-B-C-B-A-E-F-G-H-D-C-G-K-L-H。重复路过的两条铁轨是 JK 段和 BC 段。

40 香水瓶

首先，测量瓶子内液体的高度。然后，将瓶子颠倒，并测量瓶子内空气柱的高度。将这两个高度相加，便得出一个虚构圆柱体的高度。现在，用液体的高度除以圆柱体的高度，这样便可以得出瓶内液体体积所占瓶子的百分比。如果虚构圆柱体的高度是 5 厘米，而液体高度是 4 厘米，那么，用 4 除以 5，得出 80%，即液体体积所占的百分比。

41 序列中的数字

第 1 个到第 6 个数字已列出,用序列数乘以它前一个序列数的数值便可得出该序列数的数值。这样,第 2 个数值为 2×1 = 2;第 3 个数值为 3×2 = 6;第 4 个数值为 4×6 = 24。那么,第 7 个数值就是 5040(7×720)。

42 竞赛

答案为 2521。

43 抢劫

旅行包里有 1 枚 5 角硬币、39 枚 1 角硬币以及 60 枚 1 分硬币。

44 玩纸牌

3 张扑克牌(从左到右)为:方块 A、红桃 K 以及黑桃 2。

45 理发师

亨利当然愿意为两个德国人理发,因为给两个人理发比给一个人理发多赚一倍的钱!由于亨利注重外表并且小镇上只有两个理发师,他只能让皮埃尔为自己理发。而皮埃尔也需要理发,他只能找亨利,但是,亨利总是太忙而无法为他理发。所以,如果你拜访这个小镇,就只能让皮埃尔为你理发了。

46 神奇的幻方

下面是解答的方法。值得注意的是,这个方格四个角上的数字以及中央的 4 个数字相加的结果也是 79。当然,除此之外还有其他几组 4 个数字相加的结果也是 79。看看你能找到多少个。

19	22	26	12
25	13	18	23
14	28	20	17
21	16	15	27

47 符号

答案如下所示:

9 + 8 + 7 − 6 − 5 − 4 × 3 − 2 + 1 = 0

48 银行业务

这个题有很多种解法。下面的这个是斯本登勃洛先生提交的答案。

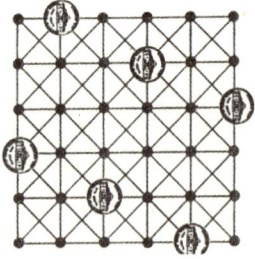

49 竞赛之后

答案为:

```
  ABC         198
× DE        ×  27
-----       -----
 FGHI        5346
```

很美很美的烧脑书

世界智力开发
经典题、黄金题、关键题

杨易◎主编

天津出版传媒集团
天津科学技术出版社

目录 CONTENTS

世界上令人莫名其妙的思维游戏

- *01* 4个5 2
- *02* 装饰物 3
- *03* 三位数 4
- *04* 最小的排列 5
- *05* 商业调查 6
- *06* 水与酒 7
- *07* 占卜写板 8
- *08* 印度方块 9
- *09* 可可豆盒 10
- *10* 棋子 11
- *11* 浴缸 12
- *12* 接触 13
- *13* 磨坊 14
- *14* 数学 15
- *15* 重新排列(1) 16
- *16* 雕刻品 17
- *17* 射击 18
- *18* 动物园 19

19	时钟	20
20	巨型鱼	21
21	骰子	22
22	握手	23
23	逻辑	24
24	皇冠	25
25	服务员	26
26	心灵感应	27
27	H 到 O	28
28	重新排列(2)	29
29	房产规划	30
30	称重量	31
31	替换	32
32	神秘的正方形	33
33	火车	34
34	搅拌棍	35
35	时间	36
36	馅饼	37
37	棋盘的方格	38
38	巧克力糖	39
39	轮胎	40
40	形状	41
41	子女	42
42	单轮脚踏车	43
43	葛鲁丘	44
44	六角星魔方	45
45	漂浮	46
46	箭	47
47	猴子	48
48	三角形	49
49	几何	50

世界上极具挑战性的思维游戏

01　碑铭 52
02　神奇的正方形 53
03　网球 54
04　顶针 55
05　面包店 56
06　自行车 57
07　硬币的移动 58
08　磁铁 59
09　扑克牌点 60
10　绳索 61
11　面积 62
12　矩形 63
13　吊绳 64
14　猜数字 65
15　盐和胡椒粉 66
16　铅笔 67
17　剧场 68
18　硬币 69
19　鱼 70
20　巴兹·索 71
21　蜘蛛 72
22　小丑 73
23　计算 74
24　婚礼 75
25　七角星魔方 76
26　大学男生 77
27　盛汤的碗 78
28　钟 79

29 城堡	80	37 单词	88
30 螺旋	81	38 心算	89
31 蜘蛛网	82	39 手	90
32 桥	83	40 连线的风筝	91
33 瓶子和钥匙	84	41 伪钞	92
34 马	85	42 选举	93
35 伪造币	86	43 六边形	94
36 盾牌	87	**答案**	95

世界上令人莫名其妙的思维游戏

01 4个5

解决这个题只需将上图奖状里的4个5重新排列,使排列后的总数值为56。

(答案在96页)

02 装饰物

圣诞老人为你准备了一个了不起的圣诞节思维游戏。他先把装饰物固定在一条3米长的绳子的一端，然后将另一端系在一束槲寄生树枝的上面。

"我会给你两份圣诞礼物，"他说，"如果你可以将绳子从中间剪断使装饰物不会摔落在地。记住：一旦你剪断绳子，你就不能触摸绳子或者装饰物。"

那么，读者朋友，你会怎么剪呢？

（答案在96页）

03 三位数

虽然你不是魔术师但同样可以解决这个题,而你的朋友们会认为你是魔术师。告诉他们,你可以向他们展示一个快速计算的思维游戏。除去扑克牌中所有"有脸"的牌(J、Q和K),并再拿出另外10张牌,将剩下的扑克牌每3张为一组放在桌子上。然后,对你的观众说,每一组的3张牌可以组成一个三位数,并且它们都可以被11完全整除。你要以最快的速度将这些三位数排列出来。

我们左图的例子是数字231,它正好是11的21倍。那么,这一壮举是如何完成的呢?

(答案在96页)

04 最小的排列

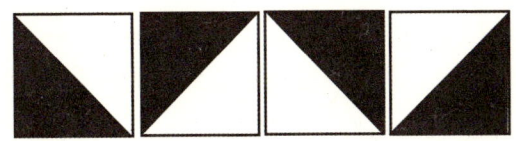

已知图形是一个被对角线分成 2 个三角形的正方形,这 2 个三角形分别为黑色和白色,而且这个正方形可以通过旋转得到 4 种不同的图案,如上图所示。

现在把 3 个这样的正方形排成一行,请问一共有多少种排列方法?

(答案在 96 页)

05 商业调查

火山芥末公司委托西尔威斯特公司调查有多少人喜欢辛辣的芥末、有多少人喜欢清淡的芥末。下面是他们呈交的报告：

接受调查的人数 ……………………300人

喜欢辛辣芥末的人数 ………………234人

喜欢清淡芥末的人数 ………………213人

既喜欢辛辣芥末又喜欢清淡芥末的人数 ……144人

从来不使用芥末的人数 ……………0人

当火山芥末公司认真研究这份报告之后，十分生气并立刻解除了与西尔威斯特调查公司的合作关系，原因是总数计算不正确。那么，你能否找出报告中的错误呢？

（答案在96页）

水与酒

珀西·波因德克斯特先生是著名的饭后思维游戏专家，他正设法解答一道古老的水与酒的题，但他现在已经不知所措了。这个题是这样的：有2个玻璃杯，里面装着相同数量的液体。一个装有水，另一个装有酒。首先，从水杯中盛一匙水倒入酒杯。然后，搅拌均匀。接着，再盛一匙酒水混合物，并倒入水杯。那么，水杯里的酒比酒杯里的水多还是少？

（答案在97页）

占卜写板

虽然你不是巫师但同样可以解决这个题,而且可以令人刮目相看!右图中的保罗和维维安正在与样子看起来像暹罗的好斗鱼进行交流。我不知道他们是怎么做的,他们告诉我这幅画是这个占卜写板用一条线画出来的,写板上的笔没有离开纸,而且线条也没有相互交叉。那么,你能按照这些规则重复以上的过程吗?

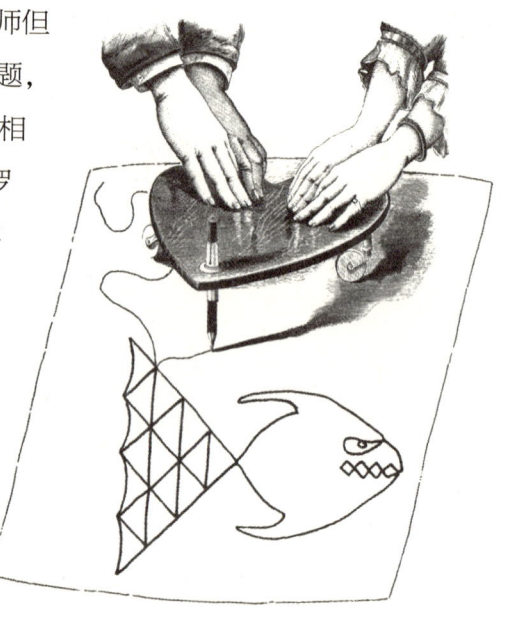

(答案在 97 页)

08 印度方块

喜爱思维游戏的印度王子正在去往阿格拉的路上,那里将举行思维游戏大会。这头皇家大象身上的布的上面印有一道题,而它就是由印度王子设计的。这个题需要你找出图画里大小正方形(最大的正方形边长为8厘米)的个数。在队伍出发前,你有5分钟的时间把这个问题解答出来。

(答案在98页)

世界上令人莫名其妙的思维游戏

可可豆盒

在这个甜味题当中,你遇到的是一个密封的贝克早餐可可豆盒,里面装满了可可豆。另外,还有一把15厘米长的尺子。那么,你能否在不打开盒子的情况下,测量盒子内部的尺寸并计算出盒子主要对角线的长度呢?

比如这条从底部右侧前角(B)到顶部左侧后角(A)的直线,盒子内有4条这样的直线。盒子侧面、底顶部以及底部的厚度可以忽略不计。通过数学计算你可以得出结果,但是有一个更为简单的方法,即只利用尺子直接测量,我们要找出这个方法。

我们已经将体积因素排除在外,因为它们并不是找出这个方法的关键所在。那么,你能找到这个题的解答方法吗?

(答案在98页)

棋子

这个思维游戏需要准备黑、白棋子各4个,然后放在棋盘上(如图所示)。你所面临的挑战是要用10步将这8个棋子交换位置。

游戏规则很简单,即:黑棋向下移动,白棋向上移动。所有的棋子要么向前移动到空格内要么跳过一个或者两个棋子跳到空格内。你有10分钟的时间解答这个题。

(答案在98页)

# 浴缸

威拉德·沃兹沃斯教授居住在马·巴斯卡姆的寄宿公寓里。二楼浴室有一个维多利亚燃气式浴缸，而他观察到了一些有关它的事情：如果打开凉水的水龙头，浴缸放满水需要6分40秒；如果打开热水的水龙头，放满水需要8分钟；如果拔掉塞子，放完水需要13分20秒。

现在，威拉德的题是：如果拿开塞子，并同时打开热水和凉水的水龙头，那么，将浴缸放满水需要多长时间呢？

（答案在99页）

12 接触

　　当你尝试一下这个游戏时，也许你会认为只有求助某种魔术才能把它解决。这里放了5枚魔术师使用的硬币，我们要使它们彼此相接触。如果你手头没有这种硬币，你也可以使用1角硬币。我们这只爱为难人的小兔子认为解决这个题最多用10分钟。

（答案在99页）

13 磨坊

对于安格斯的讨价还价,你不能怪他。然而,他的确遇到了麻烦。如果在伊恩扣除 10% 之后要正好带回 100 千克的玉米面,他应该带来多少玉米呢?

假设磨面的过程当中没有浪费。

(答案在 100 页)

数学

普里西拉·苏珊女士就是那位出色的代课教师,又来检测你们的数学能力了。

"同学们,现在注意了!黑板上的这个题是不正确的。但是,如果你在等式左边的某些数字中间添加两个减号(-)和一个加号(+),就可以得出一个正确的数学表达式,并且可以使结果等于100。你们要在这堂课结束之前把符号放在正确的位置。"

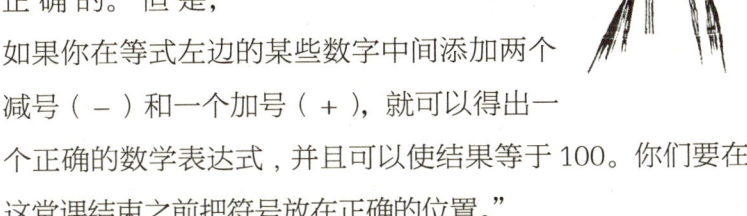

123456789 = 100

添加两个减号(-)

添加一个加号(+)

(答案在100页)

重新排列(1)

我们这台著名的游戏计算机好像感染某种黑客病毒了。程序应该使计算机在水平方向、垂直方向以及对角线的数字相加结果为6。可是,却出现了上面的现象。那么,你能否重新排列显示屏上的数字使这个幻方显示正确呢?

(答案在100页)

雕刻品

"米利森特,你说你的花园里的那个雕刻品其实是一个很不错的思维游戏。那么,它所隐藏的题是什么呢?"

"珀西,那个题最早是由奥利弗·维尔德莱特设计的。这个题要求你找出奥利佛应该在哪里焊接3根铁条才能使它们经过雕刻品上的所有方格。希望你在下午茶之前把答案想出来!"

(答案在100页)

17 射击

慈善盛宴正在举行，巴尼·布朗德巴斯想在长廊上进行的射击比赛中赢得奖品。射击3次需要支付10元；如果击倒的3只鸟上的数字相加正好等于50，那么，你将赢得1只喂饱了的短吻鳄。但是，巴尼却把钱花光了。那么，你有没有兴趣试试呢？

（答案在100页）

18 动物园

沃尔特·斯奈尔特拉普是当地动物园里的管理员,他在为一群动物划分界线时遇到了麻烦,可以说都怪狮子不安分守己。斯奈尔特拉普把9只动物混合圈在一个正方形围栏里。可是,没过多久,狮子开始咬骆驼,而大象却把狮子踩了,这让大家很是不悦。于是,斯奈尔特拉普决定把每只动物分别圈在各自的围栏里。他只在大围栏里建了两个围栏就把所有的动物各自分开了。那么,你知道他是如何修建围栏的吗?

(答案在101页)

19 时钟

那天虽然没有下雨,但是雨却浇在善良的斯皮尔牧师的心里。大楼的时钟的表面被飞来的树枝撞成 4 块。当他检查损坏的钟表时,发现了一件不同寻常的事情。每块碎片上的罗马数字相加的结果都是 20。那么,你知道时钟表面是如何断裂以致发生了这样的事情吗?

(答案在 101 页)

20 巨型鱼

下图中的那个渔夫上岸后肯定会把这个刻骨铭心的故事告诉给他的朋友们。好像他的祈祷真的应验了,那个庞然大物从他身边经过。那条鱼有多大呢?据他猜测,这条巨型鱼的头有60米长,它的尾巴是身体长度的一半与头的长度的总和,而它的身体又是整个长度的一半。那么,这个深水动物各部分的长度该如何计算呢?

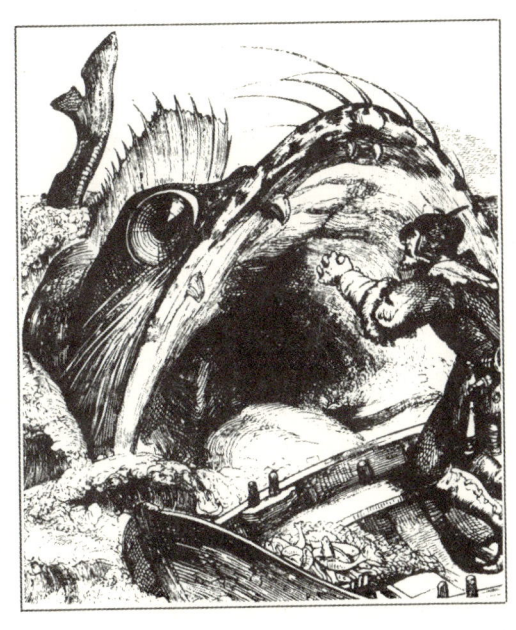

(答案在101页)

21 骰子

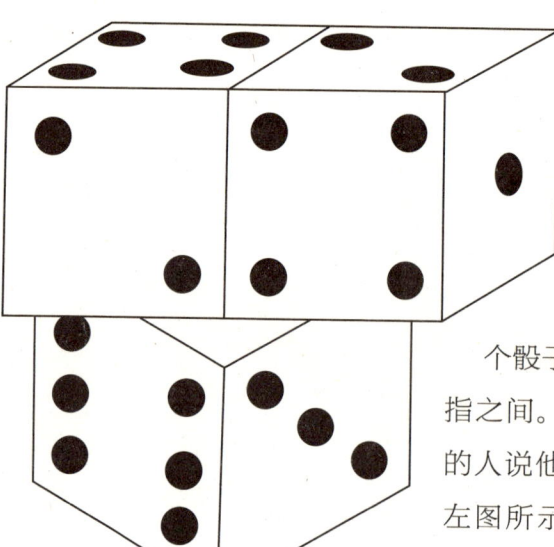

这个题需要你准备3个骰子。先在桌子上放一个骰子,然后把另外2个骰子夹在拇指和食指之间。接着,与在场的人说他们不能(按照左图所示的角度)将2个骰子并排放在桌上的那个骰子的顶部。不用说,他们每次都会失败。当他们最终认输时,你可以毫不犹豫地将骰子稳稳当当地放在上面。你如何去做呢?

(答案在101页)

22 握手

圣诞老人学校又迎来了毕业典礼。今年,8名圣诞老人已经做好准备到城市商场履行职责。当他们离开之前,每个圣诞老人都要彼此握手。那么,他们会握手多少次呢?

(答案在102页)

23 逻辑

解决这个思维游戏，完全依靠的是你在金字塔方面的能力。下图三角形中的数字遵循某种模式排列，如果你能够发现这种模式，那么，你就可以找出三角形中 5 个问号所代表的数字。你要在沙漏中的沙子全部落在下面之前找出答案。

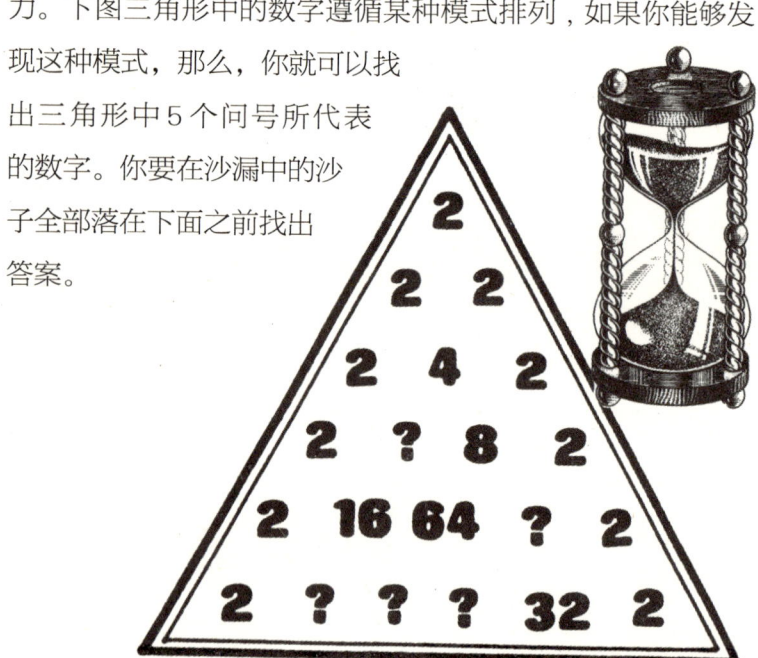

（答案在 102 页）

24 皇冠

这里我们看到的是一位城堡的护卫,他的任务是保护国王的皇冠。这个坚强的小伙子注视这些世界瑰宝已经好几个小时了。

当哈罗德注视这12个镶嵌了宝石的皇冠时,他突然想出来一道题,即能否用5条直线将这12个皇冠全部连起来呢?每条直线都是从前一条直线的末端开始。10分钟之后,哈罗德就找出了答案。如果你也能找出答案,我们将授予你"思维游戏王子"的称号!

(答案在102页)

25 服务员

克拉姆兹·卡拉汉是巴伐利亚花园餐厅里行走最快也是最邋遢的服务员,正是由于他快如飓风的步伐,他总是把客人的衣服弄脏。一天,一位愤慨的顾客只给了卡拉汉1角钱的小费,并说:"你把我的衣服给毁了,我就给你1角钱的小费。但是,如果你能够在不接触桌子、盘子以及硬币的情况下把硬币拿开,我就赏你25元的小费。"然而,克拉姆兹却没能解决。那么,你呢?

(答案在103页)

26 心灵感应

曼特尔·维扎德又一次看透了你的心思。他是这样做的：让一个人写下任意一个三位数，每位上的数字可以不一样。然后，让出题者把数字颠倒，并且用大的数减去小的数。最后，让出题者告诉他这个结果的末位数。在下图例子当中，这个末位数字是8。根据这些信息，他就可以猜出完整的结果。在查看答案之前，请你试试，看能否明白维扎德的计算方法。

（答案在103页）

27 H 到 O

图 1

许多移动硬币的思维游戏都可以使人愉悦,而这题就是其中之一。你要用 5 步将图 1 中的 H 变成图 2 中的 O,每一步都要使一枚硬币在不打乱其他硬币位置的情况下移动一次。当这枚硬币移动到新位置后,它必须与另外 2 枚硬币相接触。

图 2

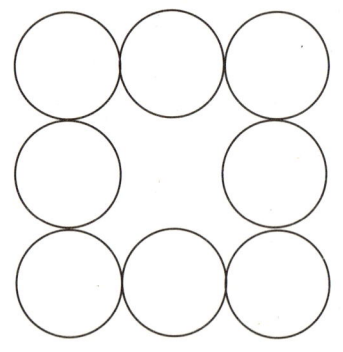

(答案在 103 页)

28 重新排列(2)

这里有一个很好的思维游戏,它可以考验你解答思维游戏的能力。右图的圆圈已经连接起来,它们里面包括从1到8的数字。你的任务是将这几个数字重新排列使任意一条直线上的两个数字彼此不连续。

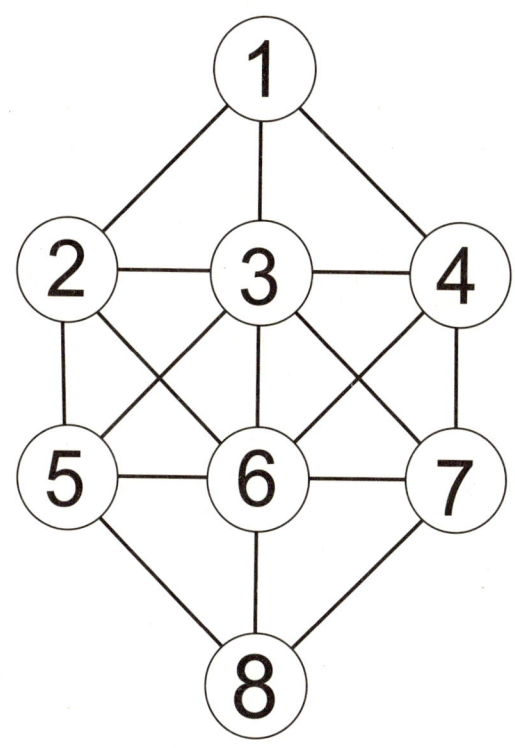

(答案在103页)

29 房产规划

西德尼是当地的一个建筑商,他把一块长方形的土地分成了8块建筑用地,并打算在每块地上建造一间房子。按他的计划,每一块土地的大小、形状都要一样。西德尼遇到的问题是有人把每块地上的边界碑偷走了,而且房产规划图也丢失了。他在猜测是谁做了如此卑鄙的事情。那么,你能帮助西德尼重新划定各块土地的边界线吗(左图中的H表示每间房子所在的位置)?

(答案在104页)

30 称重量

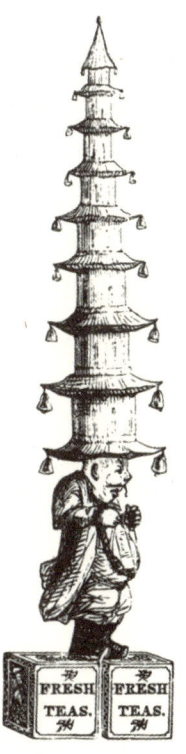

图中的海·哈特·路易是纽约唐人街著名的老茶商,他正站在那里想如何用一个简易秤将20千克的茶分放在10个2千克的袋子里。他在店里只找到两个砝码,一个是5千克,另一个是9千克。他知道称9次就可以完成,但是他却忘记怎么称了。那么,你能否在顾客光临之前帮助海·哈特把这个难题解决呢?

(答案在104页)

31 替换

大家对苏珊女士在数学课上出的这个附加题好像都算出了答案。如果你对这种题型不熟悉的话,我会告诉你:你必须用0到9这几个数字代替右图数学表达式中的10个不同字母,最后的结果必须是一个正确的加法表达式(要把相同的数字替换成相同的字母)。

```
  TEN
  TEN
FORTY
-----
SIXTY
```

(答案在104页)

神秘的正方形

让我们抽时间来解决另一个有趣而又神秘的正方形思维游戏吧。你所要做的就是将上图中正方形里的数字重新排列，使每个水平方向、垂直方向以及对角线上的数字相加的结果都为33。我希望你用大约5分钟的时间把答案推测出来。

（答案在105页）

世界上令人莫名其妙的思维游戏

33 火车

当彼得·库珀造出他那个著名的火车"大拇指汤姆"时,美国只有13千米的铁路。在巴尔的摩附近有一个岔轨,它经常引起混乱。在下面的图中,T表示火车头,A和B是岔轨上的两节车厢,C处只能容纳一个车厢或者火车头。你的任务是利用最少的步数将车厢A和车厢B交换位置,并最终使火车头位于最初的位置。

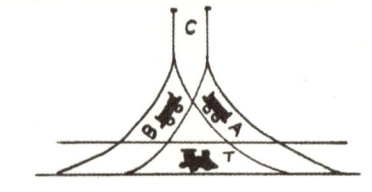

(答案在105页)

34 搅拌棍

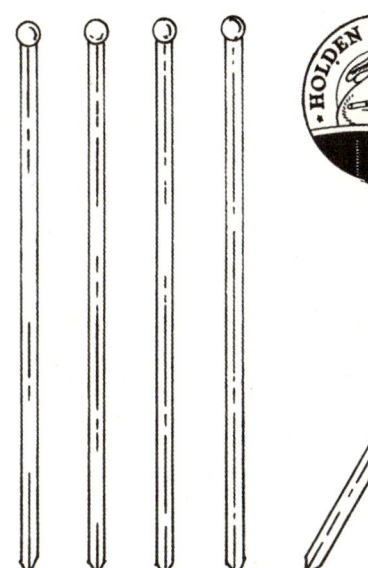

如果你下次买饮料时,你就可以在桌子上放4根搅拌棍和1枚硬币。然后,与在场的人说他们不可能只凭借第5根搅拌棍就可以把这4根搅拌棍和这枚硬币拿起来。在把它们从桌子上拿起来后,尝试者必须保证在扭转那根搅拌棍时,其他的搅拌棍或者硬币不落地,同时,也要使它们在空中逗留片刻。

(答案在105页)

35 时间

上图的那位先生上班时听到一个题,因为这个他晚上做了噩梦,而且他花了一天的时间也没有把它解决。题是这样的:一个人家里有 2 个时钟。一个时钟不走,另一个每天总是慢 1 个小时。那么,哪个时钟在 1 周之内的正确显示时间的次数多呢?请你快速给出答案,以使这位心情烦乱的人在天亮之前能够睡会儿觉。

(答案在 106 页)

36 馅饼

火鸡节（即感恩节）过后便没有比馅饼思维游戏更好的游戏了。这个题实在是太古老了，许多年前，在第一个感恩节上，布拉德福总督可能在享用甜点的时候玩过这个游戏。你要判断的是：如果在馅饼上切4下，那么，最多可以切成多少大小不同的块呢？

（答案在106页）

37 棋盘的方格

在这个思维游戏里,西洋跳棋和多米诺骨牌有望同时进行游戏。假如我们有32个多米诺骨牌,每一个多米诺骨牌可以占棋盘上的2个方格。把所有的多米诺骨牌放在棋盘上,它们会占满所有64个方格。

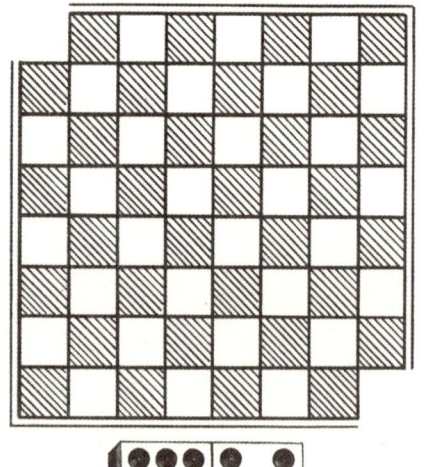

现在,将棋盘对角上的2个方格切掉并去掉1个多米诺骨牌。那么,你能否将剩下的31个多米诺骨牌放在棋盘剩余的62个方格上呢?如果可以的话,请给予证明;如果不可以的话,请解释原因。

(答案在106页)

38 巧克力糖

很多年以前,3个旅行者在黑眼睛客栈的同一张桌子上用餐。吃完饭后,他们点了一盘巧克力,并打算平分。可是,巧克力糖还没上来他们就都睡着了。第一个人醒来时看见了糖,于是把他那份吃了,接着又睡着了。第二个人不久也醒了,也把认为属于他自己的那份糖吃了,然后很快又睡着了。最后,第三个人醒来发现了糖,把认为属于自己的那份吃了,然后也进入梦乡。

他们在鼾声中度过了那一夜。第二天,服务员将盛有糖的碟子收走了,这时桌上剩下8块糖。那么,你知道桌子上原来有多少块巧克力糖吗?

(答案在106页)

# 39 轮胎

前不久思维游戏俱乐部出发到当地的海滩进行一日游旅行。途中我们的车爆胎了，于是，司机用千斤顶把汽车托起，取下坏的轮胎，准备换上备用轮胎。当他正要在车轮上安装备用轮胎时，他把轮毂盖踢在地上，由于用力过猛，它飞出路边掉入了悬崖，5个螺母也在这个轮毂盖上，而没有它们，轮胎就无法固定在车轮上。

"这样吧，"他说，"我得到我们刚才经过的城镇找几个螺母的替代品。"

"小家伙，那来不及了，"贝莎阿姨说，"你这么……做就可以了！"

那么，你知道贝莎阿姨想出什么办法应对这个旅行中的不幸吗？

（答案在107页）

40 形状

事情发生在1877年,雷诺德教授的展示引起了轰动。其中之一就是幻灯片思维游戏,他是借助自己一个著名的发明来完成展示的。他正在这里表演这个称作"迷惑人的形状"。上图屏幕中显示的上下两个形状分别是一个实心木块的正面图和侧面图。通过对这两幅图的研究,你能推断出这个物体的形状吗?请你仔细观察这两个图形。

(答案在107页)

41 子女

这次,安德森夫妇好像动真格了。他们今天晚上聘请镇上最苛刻的保姆——塞德里克·隆诺斯来照看他们所有的孩子。安德森夫妇有一大群孩子,他们平时很难照看过来。我忘记究竟有多少孩子,但是我知道每个女孩子的兄弟姐妹的人数都相等,而每个男孩子的姐妹人数是兄弟的两倍。那么,你能根据这些信息判断出安德森夫妇有多少个孩子吗?

(答案在107页)

42 单轮脚踏车

年轻的奥斯汀·泰特科勒每个星期天都会去姑妈家和姑妈共进晚餐（17:00）。奥斯汀住在利佛格罗夫，而他的姑妈住在市中心。茶叙时间（12:00）一过奥斯汀就马上动身出发。很久以前他就知道如果按每小时 15 千米的速度骑车，那么他会在晚餐开始前一个小时到。但是，如果以每小时 10 千米的速度骑，那么他会迟到一个小时。

如果奥斯汀想在晚餐时间正好到的话，他应该骑多快呢？他家和姑妈家相距多远呢？

（答案在 107 页）

葛鲁丘

"任何一家想要接受我的思维游戏俱乐部都是我不会加入的俱乐部!"

葛鲁丘看上去没心情加入我们的俱乐部,我想知道他是否可以解决右面那个入口的题。他所要做的就是计算出最后那个数字是什么!

(答案在108页)

4	5	6	7	8	9
61	52	63	94	46	?

44 六角星魔方

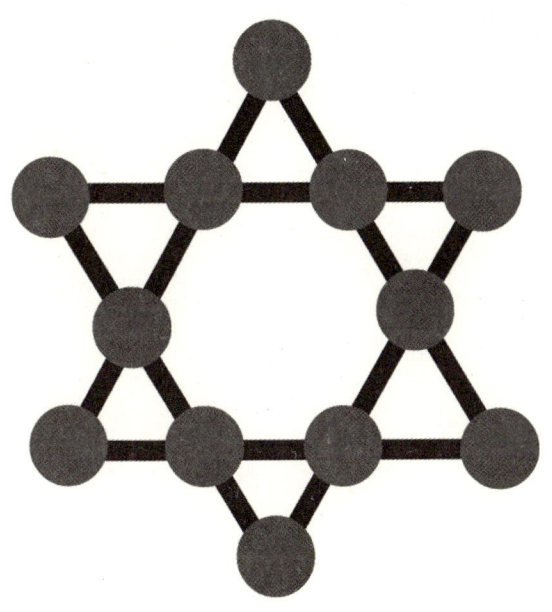

你能将数字 1 到 12 填入上图的六角星的圆圈中,使得任何一条直线上的数字之和为 26 吗?

（答案在 108 页）

45 漂浮

洛伦佐叔叔是一个十分喜欢餐后娱乐的人。虽然与威灵顿不是一个级别,但是他偶尔也有好的表现。他毫不夸张地说他可以让一枚钢针漂浮在水上。在看参考答案之前,看你能否想出这是怎么实现的?

(答案在108页)

46 箭

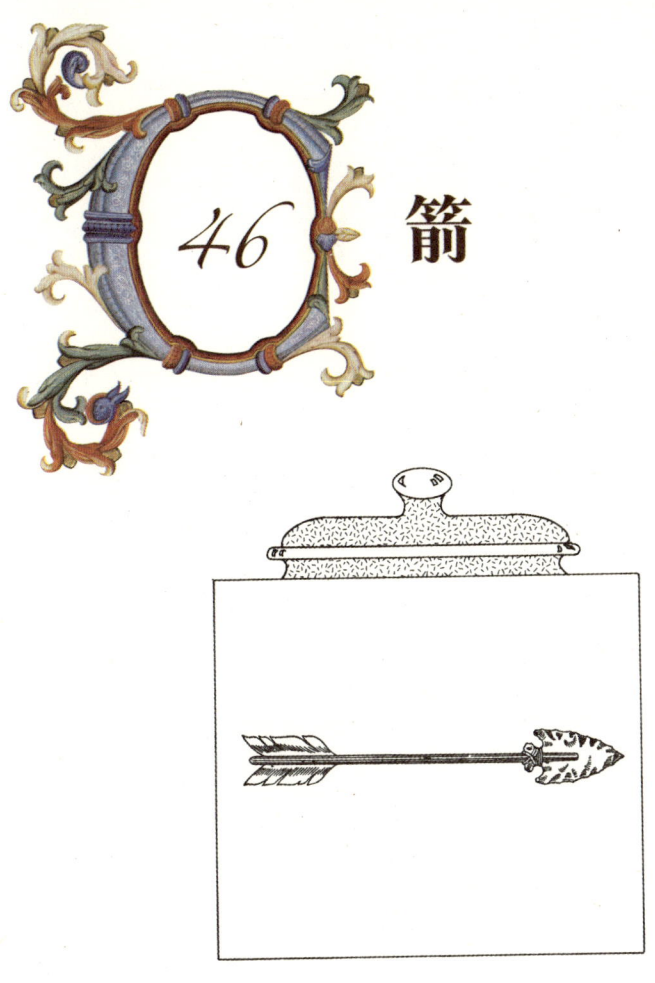

这是一个很巧妙的手段,每次都会把别人迷惑住。在一小张硬纸板上画一支箭,越别致越好。然后,把这幅画对准桌上的某个物体,使箭头正好指向它(如图所示)。现在,跟任何一个人说你可以在不接触这张纸板或者移动桌子的情况下使这支箭改变方向转向左边。这听起来不可能完成,但是……

(答案在 109 页)

47 猴子

托尼很不幸,他的身体不听使唤了,但是他却还能长时间的站立。右图的人们绞尽脑汁不但无法使他停止唠叨,也无法使他离开去另寻他处。

现在他的"观众"已经屈服了,那么,你能否为那只拿着小罐的猴子找出最短的路线,使它从每个窗户处收到钱呢?这只猴子必须从上图的位置出发,并且最后停在主人的肩膀上。

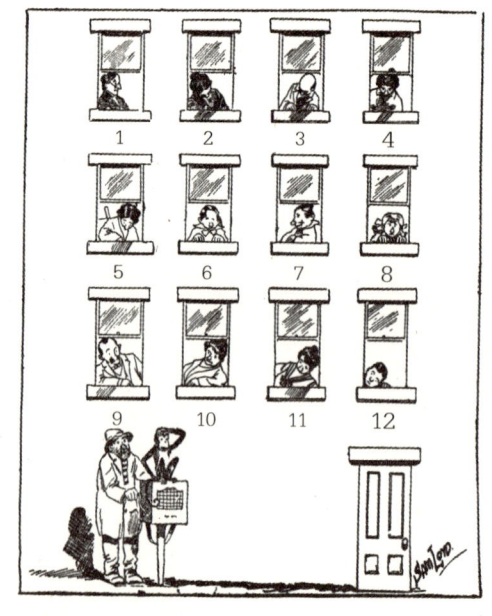

(答案在109页)

48 三角形

尼罗河下游的人们经常就金字塔和三角形进行思考。左图中的那个年轻女子正在计算图中所示的三角形的个数，那个图形里有许多形状各异的三角形。我们要看看你能在60秒之内找出多少个三角形。

（答案在109页）

49 几何

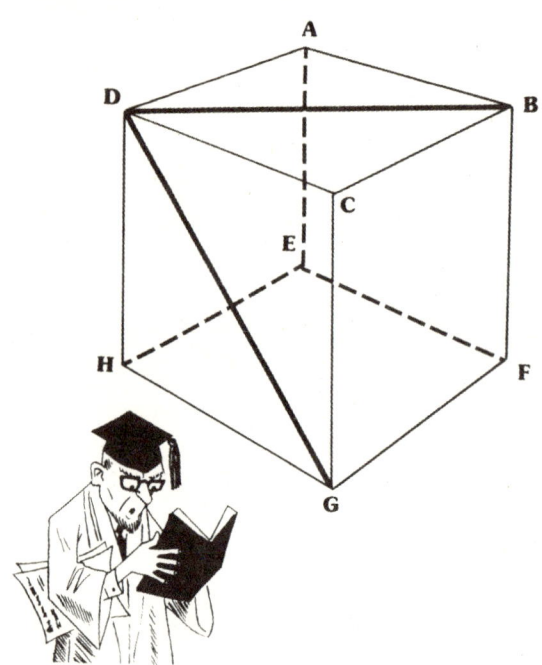

教授现在陷入了困境。他忘记了图中题目的答案,离上课只剩下5分钟了!线段BD和GD已经画在虚构的立方体的两个面上。两条线段相交于D点。那么,你能帮教授计算出这两条对角线之间的角度吗?

(答案在109页)

世界上极具挑战性的思维游戏

01 碑铭

斯皮尔牧师在路上碰到了图中的墓碑。而碑铭中的某些东西让他很烦恼。他思考了一会儿发现里面有个错误。那么,你能找出牧师发现的那个错误吗?

悼念该教区的爱德华·方丹先生,他于1823年10月28日逝世,享年66岁;同时,也悼念莎拉·方丹太太,方丹先生的寡妇,她于1812年9月23日逝世,享年82岁。

(答案在110页)

神奇的正方形

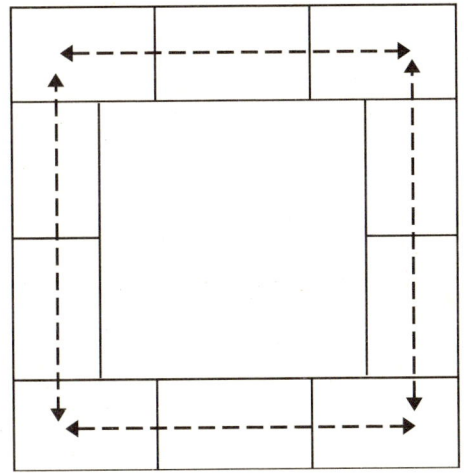

可以用一种新方法构建一个有趣的正方形。在一副扑克当中抽出 10 张牌,要求从 A 到 10,A 可以看作 1;然后,把它们拼成一个正方形,而且要使正方形的每条边上的数字相加都等于 18。如果按上图的样子把牌放好,那么,顶部和底部的各 3 张牌相加等于 18,两列的各 4 张牌相加等于 18。

(答案在 110 页)

03 网球

哈里特在闲暇时刻乡村俱乐部的网球场上发现了一个鼠洞,她的网球掉在里面,这个洞太深了,她够不到。而且由于洞到了中间就拐弯了,所以即便用木棍也无法把球拿出来。但是她并没有气馁,她很快就想出来一个好办法,并在2分钟之内把球拿了出来。那么,她是如何没有把球场挖开就拿到球的呢?

(答案在110页)

04 顶针

托马斯·萨克利是顶针奇术的大师,他出了下面这个难题:把7个顶针放在右图星星中的7个点上,每一个顶针在放到一个点时应滑向对面另一个空点上。从如图所示的位置开始,顶针最后可以停在X点或者Y点。千万不要被这个题难住。

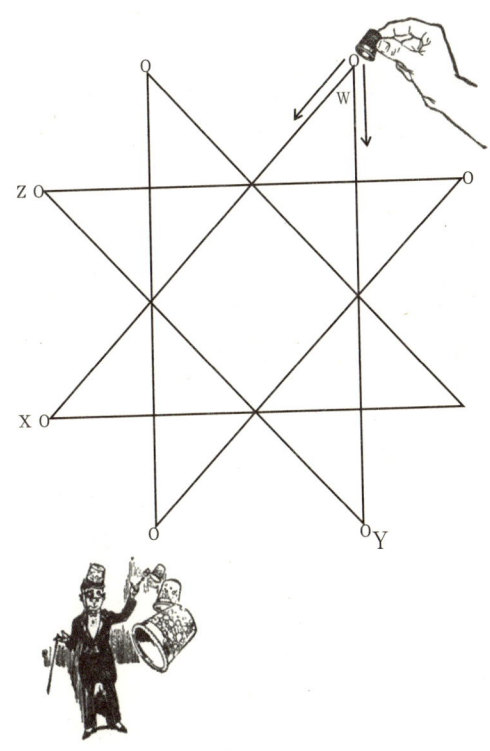

(答案在110页)

05 面包店

这是一个有关螺旋状的思维游戏。奥拉夫刚刚从烤箱里取出热腾腾的"深红色种子面包",他的这种管状面包非常有名。当他的顾客走过来时,他就问他们:"如果我拿刀子从任意地方将面包切开,那么,我最多可以把它分成多少份呢?"你知道答案吗?

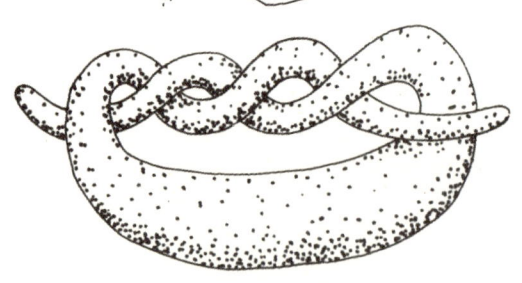

(答案在 110 页)

06 自行车

亚特兰大市以数千米的木板路著称。每年夏天威兰·阿姆斯特朗都会推着妈妈在木板路上散步,一直走到钢铁码头才返回。威兰的行车速度保持不变:当逆风而行时,他4分钟可以走1千米;当顺风而行时,他3分钟就可以走1千米。根据这些信息,你能否计算出他在没有风的时候走1千米用多长时间吗?

(答案在111页)

硬币的移动

"桌上有2枚1元硬币、1枚1角硬币,1角硬币在2枚3元硬币的中间。你的任务是用1枚1元硬币取代中间那枚1角硬币的位置,但是在移动硬币时要按照以下规则进行:可以移动第1枚1元硬币,但是不能碰到它;可以接触那枚1角硬币,但是不能移动它;至于最后那枚1元硬币,你既可以接触它也可以移动它。你想想,你能不能解答这个题呢?"

"法罗,你该出发了,现在是凌晨3点钟。"

(答案在111页)

08 磁铁

思维游戏俱乐部每个月都会举行的集会就要开始了。如果想进去的话,你必须回答警察所提出的问题:"给你两个大小相同的铁条,一个是磁铁,另一个是普通的铁条。你要把它们以某种方式放在一起,以此来确定哪个是磁铁。你只能试一次,而且不可以使用其他东西。"那么,你准备怎么解决这个难题呢?

(答案在112页)

扑克牌点

这次,我们的英雄智穷力竭了,我们来帮帮他吧。题是这样说的:从一副牌中挑出4张5,然后,把它们正面放在桌上,你如何使20个牌点只显示出16个。你有10分钟的时间来解答这个题。

(答案在112页)

10 绳索

图中的这位大师让大家完成他自己的"印度绳索戏法"。在他的平台上有一根普通的绳子,把这根绳子的两端分别放在两只手上,然后在绳子中间系一个结。但是,你在系结时不能使绳子的两端从手上松开。

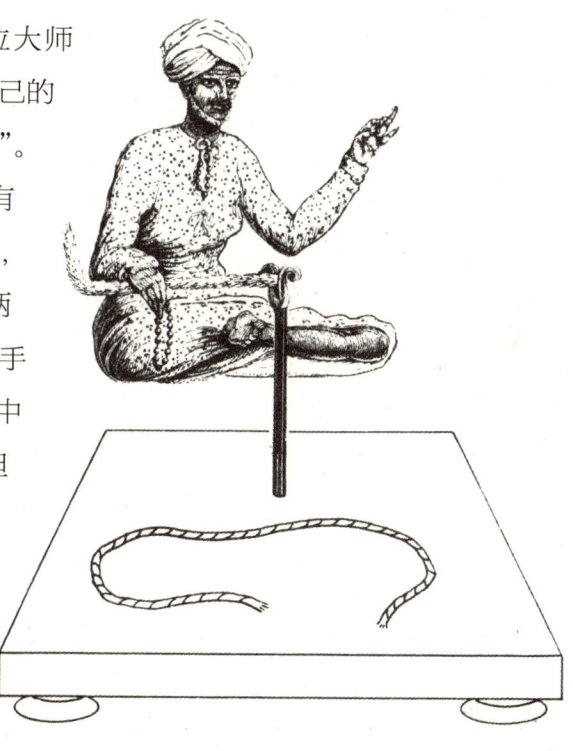

(答案在112页)

面积

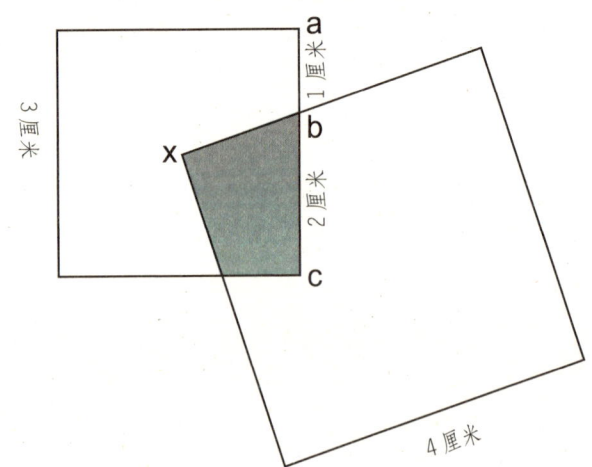

这是一个很巧妙的几何题。上图中有两个正方形,小正方形的边长为 3 厘米,大正方形的边长为 4 厘米,大正方形的左上角正好位于小正方形的中心点 x,大正方形绕 x 点旋转直到它的顶边与线段 ac 相交于 b 点。那么,你能根据以上的提示信息计算出阴影部分的面积吗?

(答案在 113 页)

12 矩形

这是一个伟大的"陷阱"思维游戏。在桌子上放4个矩形硬纸板,然后请几个朋友来重新将它们排列,使它们拼成一个完整的正方形,右图的数字表明了它们各自的尺寸数。当他们屡次失败后,你再得意地告诉他们你可以向他们展示这个过程。当然,你在看答案部分之前,要先自己尝试一下。

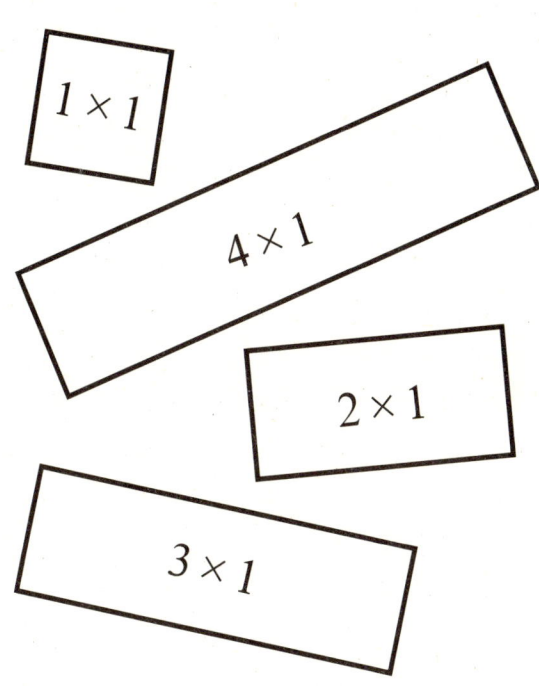

(答案在113页)

13 吊绳

好奇的古德温爵士遇到了寓言中的苏莱曼黄金绳索。这两根绳子相距0.5米，且一端已经固定在他所占领的城堡大厅的拱顶上，而它们距离地面0.8米。由于时间紧迫而且没有梯子，所以古德温爵士无法利用梯子把它们剪下来，于是他只能用手拽着绳子仗着胆子往上爬，然后用匕首尽可能将两根绳子多切掉一些。但是，天花板离地面很高，任何人摔下来都会致命。那么，古德温爵士如何将城堡中的这两根黄金绳子带走呢？

（答案在113页）

14 猜数字

很久以前，有个先生叫霍华德·迪斯丁，他是一个乐器制作商。右图中的他正在击鼓召唤大家来参加一个数字竞赛。在今年的乐器集会上，为了增加大家的兴趣，他把题印在了鼓膜上。那么，你知道数字串里的下一个数字是什么吗？

77, 49, 36, 18, ?

接下来的数字是什么呢？

（答案在 114 页）

盐和胡椒粉

格温多林又一次看到她的老板在玩这个把戏。赫伯特很喜欢用这个游戏,它总是令朋友很吃惊。他先在桌子上放一些盐,然后在盐上撒一些胡椒粉。接着,他让客人把胡椒粉从

盐里分离出去,但是不能接触盐或胡椒粉。尽管这个听起来好像是不可能的,但是聪明的赫伯特很快就把胡椒粉分离出来。那么,你能发现其中的奥妙吗?

(答案在114页)

铅笔

这是我们所喜欢的"一笔连线"题当中的一个。手里拿着一支铅笔,然后按照下图再重新画一个。画的时候必须用一笔画完,线条不能彼此交叉,也不能重复,从图中那位年轻的艺术家手中铅笔的笔尖所指的位置开始。

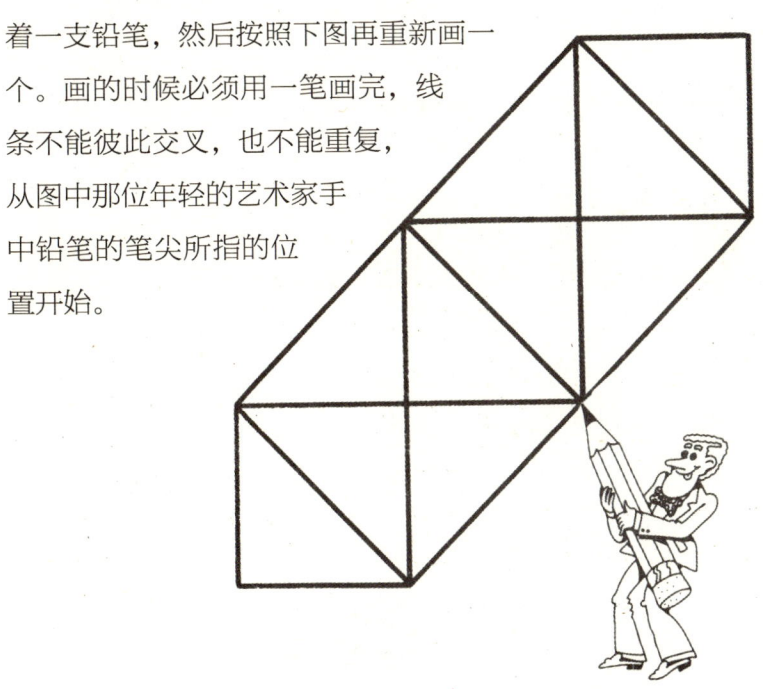

(答案在114页)

17 剧场

故事发生在1905年著名的斯芬克司魔术剧场,当时它正在迎接热情的观众。这个剧场有100个座位,第一天剧场卖出了所有门票,并赚了整整100元。票价为:男士每位5元,女士每位2元,儿童每位1角。那么,你能否根据这些信息计算出观看首演的男士、女士以及儿童各有多少人吗?

(答案在114页)

18 硬币

桌上有9枚硬币,总共有7元。你会发现正面的硬币(H)有2元5角,而反面的硬币(T)有4元5角。这个题是要求你翻转1枚价值1元的硬币,使正面的硬币为3元。

(答案在115页)

19 鱼

在世界上的机械思维游戏当中,持续时间最长的莫过于七巧板。它已经持续了大约 100 年。

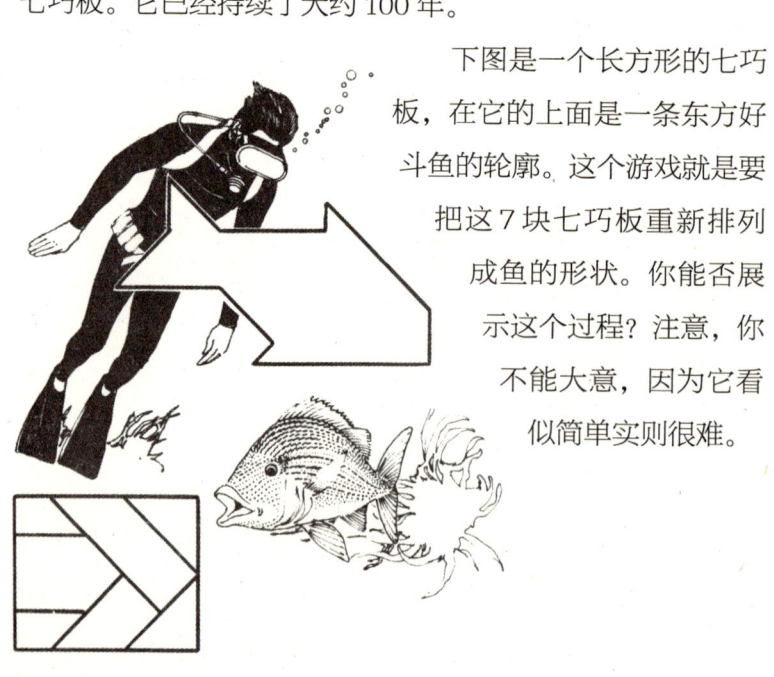

下图是一个长方形的七巧板,在它的上面是一条东方好斗鱼的轮廓。这个游戏就是要把这 7 块七巧板重新排列成鱼的形状。你能否展示这个过程?注意,你不能大意,因为它看似简单实则很难。

(答案在 115 页)

20 巴兹·索

巴兹·索·贝利路过马嚼子和玉米咖啡店,在那里,他把刚从木材推销员那听到的一个思维游戏告诉了大家。那个推销员拿出一块钻着小洞的木板让贝利看,小洞位于偏离中心的位置。"问题是,"他对贝利说,"如果将木板锯开,那么最少锯成多少块可以在重新拼组之后使这个洞位于中间位置。"你能否找出答案呢?

(答案在 115 页)

蜘蛛

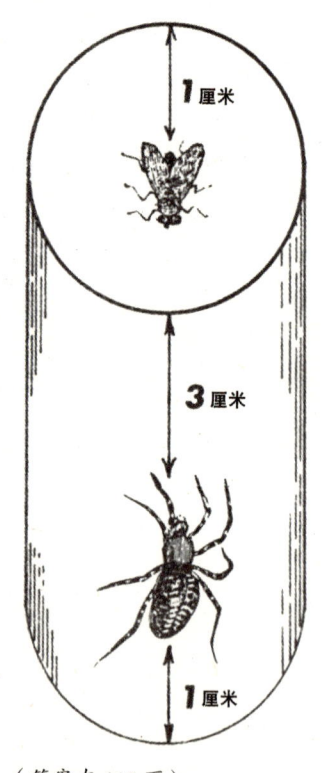

你不能被这个问题难倒。左图的那个玻璃圆柱体高4厘米、周长为6厘米。圆柱体外面有一只蜘蛛,距离圆柱底部1厘米;里面有一只苍蝇,距离圆柱顶部1厘米。蜘蛛看到苍蝇后,找出了到圆柱最近的路线,然后猛扑向苍蝇。那么,蜘蛛的行走路线是什么?同时,它走的路程有几厘米呢?

(答案在115页)

22 小丑

有3个小丑,约翰、迪克和罗杰,他们每个人在冬季都扮演两个不同的角色。这6个工作角色分别是:卡车司机、作家、喇叭手、高尔夫球手、计算机技术员和理发师。请根据以下6条线索确定这3个小丑各自的工作。

- 卡车司机喜欢高尔夫球手的妹妹。
- 喇叭手和计算机技术员在和约翰骑马。
- 卡车司机嘲笑喇叭手脚大。
- 迪克从计算机技术员那里收到一盒巧克力。
- 高尔夫球手从作家那里买了一辆二手汽车。
- 罗杰吃比萨饼比迪克和高尔夫球手都要快。

(答案在116页)

23 计算

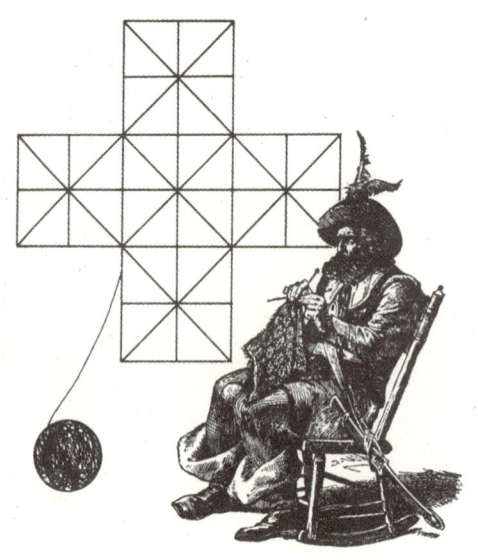

我们这位勇敢的海盗正坐在那里摇晃,他在打发这段萧条时期。这样他就可以完成他的新"风筝游戏"。这个风筝需要你计算出各种不同形状的正方形和三角形的个数。但是你只有一次机会,要争取利用这次机会计算出正确结果。

(答案在116页)

24 婚礼

"那个日子的后天是'今天'的昨天,那个日子的前天是'今天'的明天,这两个'今天'距离那个日子的天数相等,我们就在那个日子结婚。"

这两个人很显然是一对情侣。这位年轻的女士问她的未婚夫星期几结婚。虽然他的话不多,但却说得含糊不清。那么,你能确定他想在星期几结婚吗?

(答案在 116 页)

七角星魔方

你能将数字 1 到 14 填入上图的七角星圆圈内,使得每条直线上数字之和为 30 吗?

(答案在 117 页)

26 大学男生

"请多寄些钱过来。"这个大学生已经把钱花完了,他在向家里要,而他的请求只有当他的爸爸解读之后才能得到回复。信中的每一个字母代表一个数位上的数字——数字是从0到9,其中的一些数字被重复使用。那么,这个大三学生想要多少钱呢?

亲爱的爸爸:

$$\begin{array}{r} SEND \\ +MORE \\ \hline MONEY \end{array}$$

小明

(答案在117页)

27 盛汤的碗

埃德娜阿姨总是在家存放大笔钱以备急用。仅有的问题就是她从来不相信纸币,所以她存放的都是硬币。同时,她把自己的存款藏在窃贼最不可能想到的地方——盛汤的碗里。当她数钱时,她发现了一个极巧的事:她的1500枚硬币正好是800元,硬币分为1元硬币、5角硬币以及1角硬币。那么,你能说出这些硬币各有多少个吗?

(答案在117页)

28 钟

为了把你难住,斯皮尔在做最后一次尝试。好像斯皮尔买了一口新钟,不知为何,他叫多朗格·基德来帮忙。这口钟的重量和基德的体重相同。当基德开始拽绳子时,令人吃惊的事情发生了。那么,请你猜猜看:

(1)如果基德保持原地不动,钟会不会升上去呢?

(2)如果钟保持原地不动,基德会不会升上去呢?

(3)基德和钟会不会一起升上去呢?

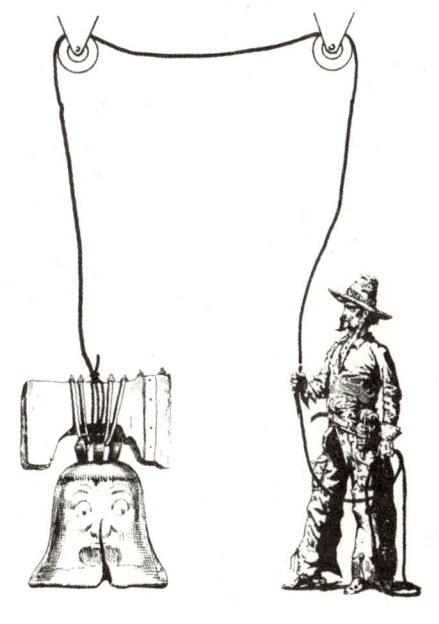

(答案在118页)

世界上极具挑战性的思维游戏

29 城堡

很多年以前,格力姆斯力城堡的高塔顶内关押着3个人:一个老国王、他的儿子以及女儿,他们的体重分别是97.5千克、52.5千克以及45千克。他们与地面唯一的交流工具就是一根绳子,绳子绕在滑轮上,绳子两端各系着一个篮子。一个篮子落地时,另一个篮子刚好到他们窗户的对面。如果一个篮子比另一个篮子重,那么很自然,重的那个篮子就会下降;但是,如果两边的重量差超过7.5千克,那么它在下降时就会很危险,因为速度太快的话,哪个犯人都无法控制,他们只能在这个塔里找到一颗重量为37.5千克的炮弹。如果他们想逃走,那么,他们应该怎么做呢?

(答案在118页)

螺旋

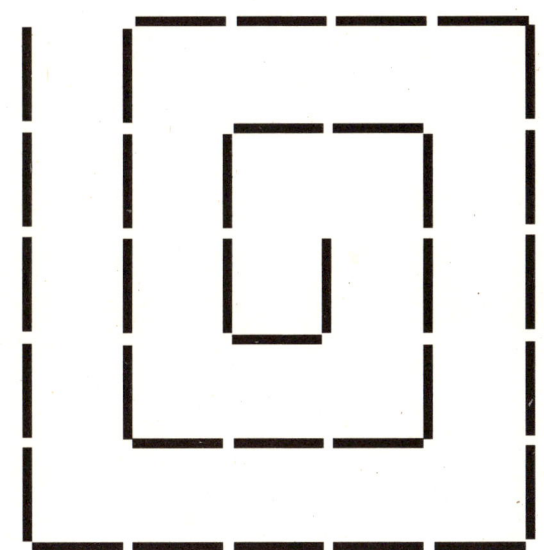

你可以用这个题迷惑你的朋友。将35支铅笔呈螺旋状摆放（如图所示）。现在，向任何人挑战，看谁能把4支铅笔移动到新位置使所有的铅笔形成3个完整的正方形。

（答案在118页）

31 蜘蛛网

有一个雕像存放在格力姆斯力城堡的阴暗凹室里。凹室的部分入口被一张巨大的蜘蛛网挡住了,拱状的网的弧正好是圆周长的 $\frac{1}{4}$,长 20 厘米。那么,你能根据这些实际情况计算出蜘蛛网遮盖部分的面积是多少平方厘米吗?

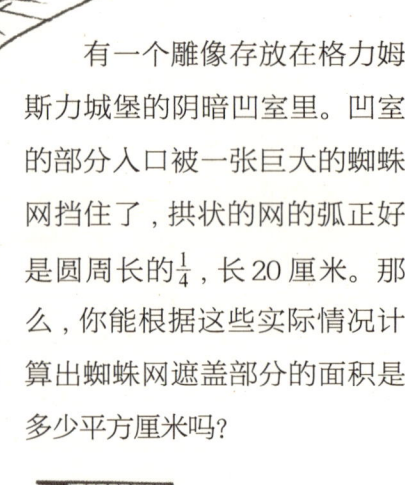

(答案在 118 页)

32 桥

如果下次你和朋友外出，这里有个好办法让你白吃一顿饭。在桌子上放两个玻璃杯，它们之间的距离不要太远，然后，将一块较硬的纸放在两个杯口上面。接着，你就说如果在纸的中间再放一个杯子，你可以使这张纸具有支撑第三个杯子的力量。这是个很好的难题，但是在你去餐厅吃饭之前要好好练习一下。

（答案在119页）

33 瓶子和钥匙

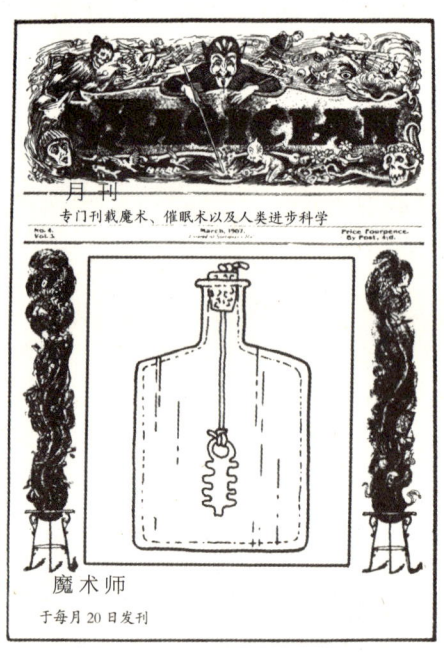

左图是以前的一份充满魅力的魔术杂志的封面,封面上有一个十分迷人的古老思维游戏。在一根绳子的一端系一个钥匙,然后使绳子的另一端从瓶塞钻的洞内穿过并系好。接着,把钥匙放到瓶子里,并且把瓶颈上的瓶塞固定。如果你愿意接受挑战的话,你就得把钥匙从绳子上取下来,但是你不能接触瓶塞、绳子、瓶子或者瓶子所在的桌子。

(答案在119页)

34 马

泰赫俱乐部每年都会举办猎装早餐聚会,下面这个故事在这期间曾被人们议论纷纷:

当富翁特拉洛尼去世时,他在遗嘱上把自己最好的马按下

面的方式留给了他的3个儿子:大儿子约翰获得了一半的马,詹姆士获得了 $\frac{1}{3}$ 的马,威廉获得马厩里 $\frac{1}{9}$ 的马。然而,在他过世之后,马厩里却发现有17匹马,而这个数字不能被2、3和9整除。在混乱的情况下,兄弟三人向一位聪明的律师请教,他制订了一个计划,而这个计划既遵从了富翁的意愿,也使3个人都得到了满足。那么,这个计划是什么呢?

(答案在119页)

伪造币

一年一度的思维游戏俱乐部淘汰赛曾经选用过这个题。

桌子上有 10 顶帽子,它们标有 1 到 10 这几个数字,每顶帽子里都有 10 枚金币,虽然看起来很逼真,但它们中的一个帽子里面的硬币都是伪造的,真正的硬币每个重 10 克。为了帮助参加比赛者,组委会提供了以克为单位的秤。但是,比赛者只能使用一次。然而,他们可以利用这次机会将他们所希望称的金币的数量放在秤上。那么,你能根据这些情况判断出哪个帽子里装了伪造的金币吗?

(答案在 120 页)

盾牌

这个思维游戏来自巴比伦。下图的那个盾牌周围有12个黑点，现在的问题是按照下面的规则将11枚硬币放在11个黑点上。可以从任何一个点开始，接下来数6个点并把一枚硬币放在第6个点上；总是按顺时针方向进行；从另一个空点开始，绕圆圈计数，并把另一个硬币放在一个空点上；依此类推，直到把所有的硬币都放在不同的点上；计数的时候，将放有硬币的点看作是空点，并且把这个点计算在内。记住，你必须总是从一个空点开始计数。

（答案在120页）

37 单词

上图中的 8 个单词有什么共同点呢？

（答案在 120 页）

38 心算

潘奇在思考这个题时想把它清楚地表达出来。他必须在心里把从1到100的数字加起来,但是,他尝试了10分钟就宣布放弃,他抱怨说自己总是忘记前面加的那些数字。然而,潘奇却不知道有一个简单的方法可以让他快速解答这个题。那么,你知道这个方法是什么吗?

(答案在120页)

 手

把一张扑克牌水平放在你的右手拇指上,然后,把一枚硬币(1元硬币或者5角硬币)放在牌上,使它们保持平衡。接下来的这个就很难了。请不要接触硬币把这张扑克牌拿走。如果你一次就可以完成,那么你将得到热烈的掌声。

(答案在 121 页)

40 连线的风筝

"迈克,这是我新做的思维游戏风筝,漂亮吧!这个题要求你把风筝用一笔连续画出来,线条不能在任何地方交叉。我花了一晚上的时间才把这个风筝做好的,我明天准备把它带到学校组织的思维游戏大赛上。"

欢迎读者朋友来解答比夫的这个获奖思维游戏。

(答案在121页)

41 伪钞

私人侦探哈利·哈伯森又被称为伞人,图中的他曾经在 19 世纪 90 年代破获纽约最大的一个造假集团。从他帽子的剖面图可以看出这是个伞状的装置,既可以遮光也可以保证他的安全。当记者问他在房子里发现了多少伪钞时,他回答:

"游戏到此为止,造假太太。伞人的到来就意味着你的结束。"

"为了清算,我们把造假太太印制的全部伪钞堆放在桌上。我们发现 5 元的伪钞数量是 1 元伪钞的 10 倍,而 50 元的伪钞数量是 10 元伪钞的 2 倍,一共有伪钞 1500 元。那么,现在,请你根据上面的信息做出判断,各种面值的伪钞分别有多少?"

(答案在 121 页)

42 选举

图中的讲话听起来好像出自以前在新泽西竞选的政客之口，他倒是给了我们一个十分有趣的思维游戏。上图中有一个投票箱，箱子上画着一个"×"。你的任务就是把这个投票箱用一笔连续画出。当然，线条不可以在任何地方交叉。你要是把这个题解决，那么你就是胜者。

（答案在 121 页）

世界上极具挑战性的思维游戏

六边形

在古代埃及,每逢举行娱乐集会,人们总是在修建金字塔的闲暇时刻聚在一起做思维游戏。阿布辛贝神庙的祭司们把智慧之神斯塔姆尤莫斯特的巨大盾牌拿了出来,并把它放在拉美西斯二世雕像的对面。在这个六边形的盾

牌上有9颗智慧之星。要想解答这个题,答题者必须在上面画出9条长度相同的直线并使每颗星单独享有自己的长方形。如果谁成功解答问题,那么他会受到埃及王室的邀请;但是如果失败,那么他将受邀参加鳄鱼赛跑。读者朋友们,你们有没有兴趣参加比试呢?

(答案在122页)

答案

世界上令人莫名其妙的思维名题

01 4个5

答案为：$55\frac{5}{5}$

02 装饰物

在剪绳子之前，先在绳子中间打一个环儿并系牢，然后拿起剪刀将绳环儿剪断。绳子被剪为两段，而装饰物却安然无恙。

03 三位数

你只需保证第一张牌和第三张牌相加的和等于中间那张牌的数值。

04 最小的排列

一共有 64 种排列方法，如右图所示。

05 商业调查

先分析一下调查结果：

(1) 在食用辛辣芥末的 234 人当中，有 90 个人只食用辛辣芥末（234 − 144 = 90）。

(2) 在食用清淡芥末的 213 个人当中，有 69 个人只食用清淡芥末（213 - 144 = 69）。

这就说明有三类人群：

(1) 只食用辛辣芥末的有 90 人。

(2) 只食用清淡芥末的有 69 人。

(3) 既食用辛辣芥末又食用清淡芥末的有 144 人。

共 303 人。

然而报告上却显示只有 300 个人接受了调查。

06 水与酒

酒杯里的水和水杯里的酒相等。证明如下：

（1）假如每个玻璃杯里都有 100 个单位的液体，茶匙可以容纳 10 个单位的液体。

（2）珀西用茶匙从水杯取出 10 单位的水并倒入酒杯，然后搅拌均匀。

（3）现在酒杯里有 110 个单位的液体。当珀西从酒杯取出一匙液体后，两种液体他将各取出 $\frac{1}{11}$。这样，茶匙里有 $9\frac{1}{11}$ 个单位的酒、有 $\frac{10}{11}$ 个单位的水。然后，他把茶匙里的液体倒入水杯里。

（4）现在水杯里有 $90\frac{10}{11}$ 个单位的水、有 $9\frac{1}{11}$ 个单位的酒，总共有 100 个单位的液体。

（5）酒杯里现在有 $90\frac{10}{11}$ 个单位的酒、有 $9\frac{1}{11}$ 个单位的水，总共有 100 个单位的液体。

07 占卜写板

答案如图所示：

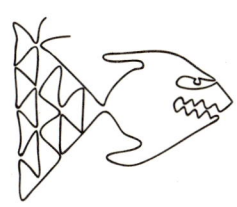

08 印度方块

如果这个大正方形的边长为 8 厘米,那么各尺寸的正方形个数依次为:

8×8 厘米　1 个
6×6 厘米　4 个
4×4 厘米　9 个
2×2 厘米　18 个
1×1 厘米　8 个
总共 40 个正方形。

09 可可豆盒

将盒子的一边沿着桌边放置,并在桌子上留出与盒子一样宽的长度(即,a 的长度与 b 的长度相等,如图所示)。现在,拿起尺子,并将它放在桌子角的末端,然后,测量桌角与盒子后面左侧顶角的长度。而这个长度与盒子主对角线的长度相等。

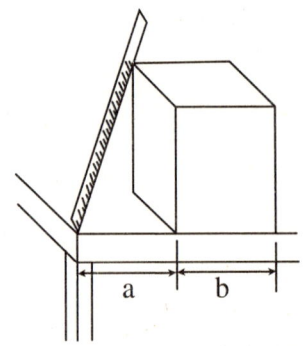

10 棋子

移动的步骤如下:

从 2 号移到 6 号、从 1 号移到 5 号、从 8 号移到 2 号、从 7 号移到1号、从4号移到8号、从3号移到7号、从10号移到4号、从9号移到3号、从6号移到10号、从5号移到9号。

11 浴缸

需要5分钟的时间。解决这个问题，首先要把时间转换成秒。

（1）打开凉水的水龙头，浴缸放满水需要400秒，即每秒进1/400的水。

（2）打开热水的水龙头，需要480秒的时间，即每秒进1/480的水。

（3）浴缸放完水需要800秒的时间，即每秒排1/800的水。如果我们取4800作为它们共同的分母，便会得出以下等式：

$$\frac{12}{4800} + \frac{10}{4800} - \frac{6}{4800} = \frac{16}{4800} = \frac{1}{300}$$

这个值就是每秒放入浴缸的实际水量。这样，浴缸放满水就需要300秒，即5分钟。

12 接触

首先使2枚硬币在桌上相接触，然后，再把2枚硬币放在它们上面，使4枚硬币相接触。最后，将第5枚硬币竖立放置（如图所示）。这样，所有5枚硬币都彼此接触。

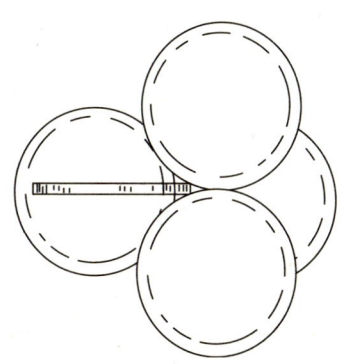

13 磨坊

如果想要带回100千克的玉米面，那么，需要带来$111\frac{1}{9}$千克的玉米（111.111千克减去10%等于100千克）。

14 数学

答案如下：
123 − 45 − 67 + 89 = 100

15 重新排列(1)

第一行是2、3、1；中间是1、2、3；最后一行是3、1、2。或者，第一行是3、1、2；中间是1、2、3；最后一行是2、3、1。

16 雕刻品

答案如下图：

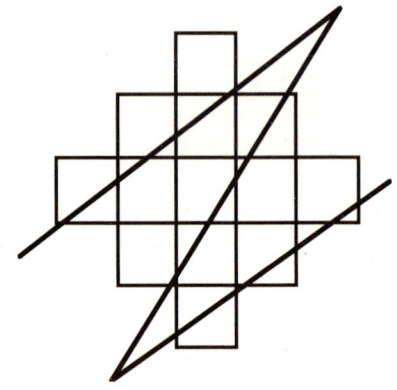

17 射击

这3只鸟是25，6，19。

18 动物园

答案如下图:

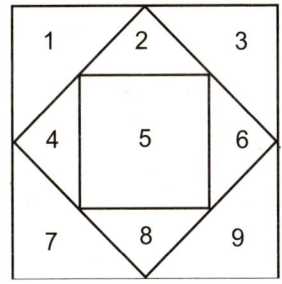

19 时钟

答案如图所示:

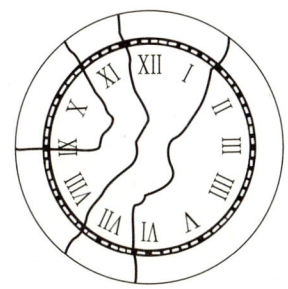

20 巨型鱼

这条鱼头长60米、尾巴长180米、身体长240米,鱼的总长度为480米。

21 骰子

当你拿起骰子之前,偷偷地把你的食指弄湿。接着,让这个手指将一个骰子的一个面沾湿。然后,把第二个骰子贴在那个骰子的沾湿面上,用拇指与食指将两个骰子夹住,这样持续夹住两个骰子,接着，把它们放在桌上那个骰子的上面，并把手指松开，两个骰子将粘在一起，并会稳稳地停在最下面的骰子之上。

22 握手

8 位圣诞老人总共握手 28 次。A 与其他 7 位握手，B 因为已经与 A 握过手所以只需与其他 6 位握手，而 C 只需与其余 5 位握手，依此类推，握手的总次数为：

7 + 6 + 5 + 4 + 3 + 2 + 1 = 28

23 逻辑

三角形中每个处在内部的数字都是它上面与之紧密相连的两个数字的乘积。比如，数字 8 是 2×4 所得的结果，32 是 2×16 所得出的结果，依此类推。

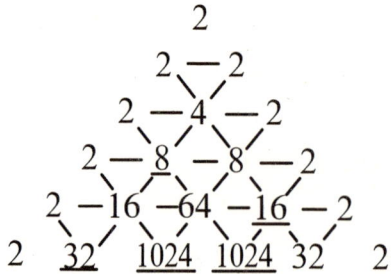

24 皇冠

答案如下图：

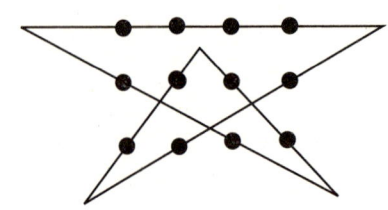

25 服务员

把脸靠近这枚硬币,然后吹。如果用力吹,那么风会把这枚硬币将从盘子上吹下来。但你所挑选的盘子的边缘坡度要小。

26 心灵感应

任何两个三位数的差的中间位置上的数字都是9(第二个三位数是第一个三位数颠倒之后的数字;所谓的差是指大的数字减去小的数字所得的结果)。同时,这个结果的第一位和第三位的数字之和也等于9。所以,如果最后一位的数字是8,那么,第一位的数字就是1,而第二位的数字是9。

27 H 到口

(a—bc)是指a硬币从位置a移到另一个地方,它在那里可以与另外两个硬币b和c相接触。移动的步骤为:(1—56)、(3—14)、(4—58)、(5—23)、(2—54)。

28 重新排列(2)

答案如下:

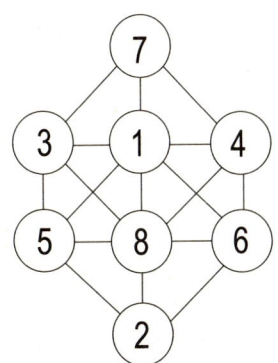

29 房产规划

答案如下图:

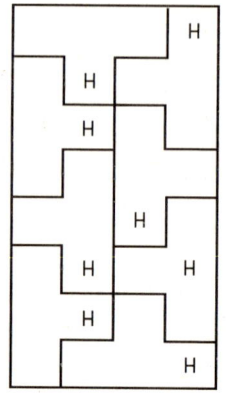

30 称重量

称量茶叶按以下步骤进行:(1)把5千克的砝码放在秤盘上,然后把9千克的砝码放在另一个秤盘上。现在,在5千克砝码的秤盘上称出4千克茶叶;(2)把两个砝码拿走,并把4千克茶叶放在一个秤盘上,然后再称出另外4千克茶叶;(3)接着称出4千克茶叶;(4)再称出4千克茶叶;这时,剩下的茶叶也是4千克;在(5)(6)(7)(8)和(9)当中,利用天平的刻度将每份4千克的茶叶各分成2千克。

31 替换

答案如下:

```
    850
    850
+ 29786
  31486
```

32 神秘的正方形

答案如下:

20	1	12
3	11	19
10	21	2

33 火车

火车头 T 将车厢 B 向上推,使它进入 C。然后 T 绕到另一侧将车厢 A 向上推,使它与车厢 B 相连接;接着,T 将车厢 A 和车厢 B 向下拉,使它们都在右边的岔轨。然后,T 再经左边绕到 C,接着,再将车厢 A 推到主铁轨。T 将车厢 B 留在右边的岔轨,然后再绕回到车厢 A,并把它拉到主铁轨与左边岔轨的交叉口,接着再把它向上推,使它进入左边的岔轨。最后,T 再回到原来的出发地。

34 搅拌棍

答案如下图:

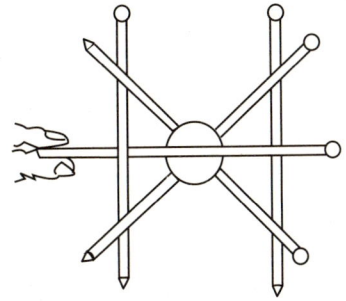

35 时间

那个坏时钟每天会显示两次正确的时间，一周共显示 14 次。而那个每天慢 1 小时的时钟每显示正确一次则需要 12 天。所以，就正确的次数而言，那个不走的时钟要强于那个慢走的时钟。

36 馅饼

这个馅饼可以切成 11 个大小不同的碎块（如图所示）。

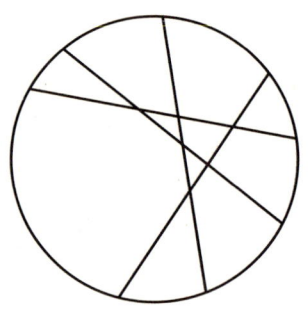

37 棋盘的方格

答案是不可能将多米诺骨牌放在棋盘上。因为，一个多米诺骨牌占两个方格，红、黑方格各占一个。然而，当我们将棋盘的两个对角上的方格切掉时，这两个方格的颜色是相同的。在这个例子当中，棋盘还剩下 32 个黑色方格和 30 个红色方格。当你把 30 个多米诺骨牌放在棋盘上时，棋盘上所剩下的两个黑色方格并不会相互接触，这样，最后一个多米诺骨牌就无法放在上面。在任何一个棋盘上，相同颜色的两个方格不会并排相连。

38 巧克力糖

我们利用反向思维从剩下的 8 块糖算起。因为桌上剩下的糖是第三个旅行者醒过来时的 $\frac{2}{3}$，所以他醒来时，桌上的盘子内会有 12 块糖；同样地，这 12 块糖是第二个旅行者醒过来时的 $\frac{2}{3}$，所以，他醒来时，盘子里有 18 块糖；这 18 块糖是第一个旅行者醒来时的 $\frac{2}{3}$，这就是说盘子里原来有 27 块糖。

39 轮胎

贝莎阿姨建议他从其他 3 个轮胎上各拆下一个螺母，然后把它们安装在第四个轮胎上。慢慢地把车开到一个城镇，在那里就可以再买 5 个螺母。

40 形状

这个物体是一个带有凹槽的木制矮圆柱体。

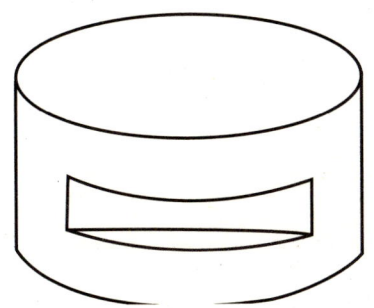

41 子女

安德森夫妇有 4 个女儿、3 个儿子。

42 单轮脚踏车

奥斯汀家和姑妈家相距 60 千米。如果他以每小时 15 千米的速度骑车的话，他会在下午 4 点到（即晚餐开始前一个小时）。如果他以每小时 10 千米的速度骑的话，他会花 6 个小时（即迟到一个小时）。所以，奥斯汀以每小时 12 千米的速度骑车，他会花 5 个小时，他将在下午 5 点准时到达。

43 葛鲁丘

答案是 18。下面那行上的每一个数在调换其各位数字的位置后正好是这个数上面那个数的平方。比如，上面那行的第一个数字是 4，它的平方是 16，16 调换位置后是 61，即下面那行的第一个数。我们取最后数字 9 的平方，即 81，这样，调换位置后就是 18。

44 六角星魔方

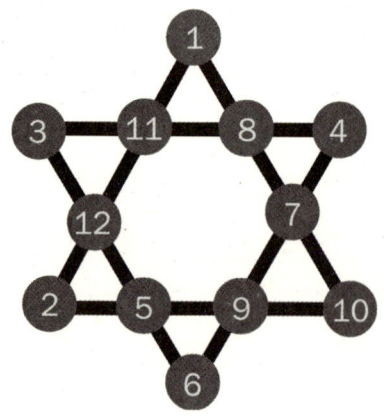

45 漂浮

将一个宽口玻璃杯倒满水，剪一块比缝纫针稍宽的软纸，把这根针轻轻地放在纸的中间，然后把这张有针的软纸放入水中。过一会儿，软纸会因吸满水而沉入杯底，此时这根针将因为水面张力的扶持而漂浮在水面上。

46 箭

将一个高的直边玻璃杯装满水,然后把这个玻璃杯放在纸板的前面,杯子里的水相当于一个透镜,透过透镜箭头的方向会发生改变。当你透过玻璃杯观看箭头时,你会发现它指向了左边。

47 猴子

猴子应该按照下面的顺序走遍所有的窗户:10,11,12,8,4,3,7,6,2,1,5,9。这个线路在底部和中部的窗户之间的空间内只经过了2次。

48 三角形

图中有4种形状的三角形。最小的三角形有7个;大一些的三角形有3个;再大一些三角形有3个;最大的三角形有1个。总共有14个三角形。

49 几何

线段BD、DG和GB构成一个等边三角形。因此,线段BD和DG之间的角度是60°。

世界上极具挑战性的思维游戏

01 碑铭

根据碑铭上所说的,莎拉·方丹太太比她的丈夫先去世。如果是那样的话,她怎么会是寡妇呢?

02 神奇的正方形

答案如下图:

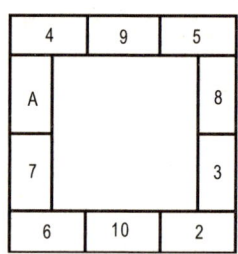

03 网球

哈里特让俱乐部的场地管理员通过附近的水管把洞里灌满水,这样网球就浮出了水面。

04 顶针

你只需要保证从下一个放顶针的位置可以滑到前一个顶针开始的位置。比如:将顶针放在 W 点,并把它滑到 X 点;然后,将下一个顶针放在 Y 点,并把它滑到 W 点;接着,再把一个顶针放在 Z 点,并把它滑到 Y 点。依此类推,直到所有 7 个顶针都放好。

05 面包店

从下页图的水平方向可以将这个面包切成 10 份。

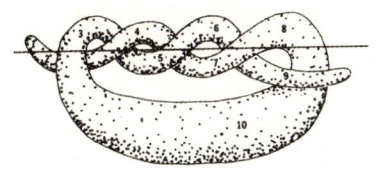

06 自行车

逆风而行时,他每小时可以行15千米,顺风而行时,他每小时可以行20千米,两种情况下每小时差了5千米。5千米的一半是2.5千米,所以,风的速度是每小时2.5千米。这样,在没有风的时候,他骑车的速度就可以达到每小时17.5千米,即15千米和20千米之间的数。

$$\frac{60 \text{分钟}}{17.5 \text{千米}} = \frac{3600 \text{秒}}{17.5 \text{千米}}$$

= 205.7 秒/千米

= 3 分钟 26 秒/千米(没有风的时候)

07 硬币的移动

用左手食指紧紧按住中间的硬币(即那枚可以接触但是不可以移动的硬币),用右手将那枚1元硬币(即那枚既可以接触又可以移动的硬币)向右边移动,使它与1角硬币保持几厘米的距离。然后,用这枚1元硬币迅速撞击1角硬币。虽然1角硬币不会动,但是这种力会使1角硬币左边的那枚1元硬币移动两三厘米,而它们之间的空间足够放下右边的那枚1元硬币。这样,问题就解决了!

08 磁铁

如果你用一根铁条的一端接触另一根铁条的一端，它们之间就会产生吸力，但是，却无法说明究竟是哪根铁条在吸引对方。然而，当你用一根铁条的一端接触另一根铁条的中间部位，那么就会发生下面的情况：如果与另一根铁条的中间部位相接触的铁条是磁铁的话，那么它会吸引另一根铁条（如图1所示）；反之，如果不是磁铁的话，那么它就不会吸引另一根铁条，因为磁铁在中间部位几乎没有什么吸力（如图2所示）。这样，如果与另一根铁条接触的铁条是磁铁的话，那么它会吸引另一根铁条；如果不是的话，那么两根铁条之间就没有明显的吸引现象。

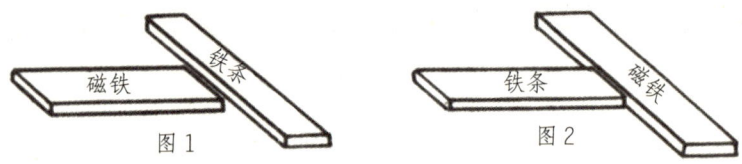

09 扑克牌点

按照下图所示的样子将4张扑克牌放在一起，每张扑克牌的右上角都相互重叠，就能显出16个牌点了。

10 绳索

答案的奥秘所在就是你要在拿绳子之前先将胳膊交叉。当你把绳子两端分别拿在手中时,再展开两个胳膊;这时,绳子中间就出现了结点。

11 面积

阴影部分的面积是边长为 3 厘米的正方形的 $\frac{1}{4}$。这个正方形的面积是 9 平方厘米,那么阴影部分的面积就是 $2\frac{1}{4}$ 平方厘米。将边长为 4 厘米的正方形围绕小正方形旋转到任何位置,遮盖部分的面积总是相等。在旋转过程中,当大正方形将线段 ac 平分时,遮盖部分的这个更小的正方形面积就是 $1\frac{1}{2}$ 厘米乘以 $1\frac{1}{2}$ 厘米,即 $2\frac{1}{4}$ 平方厘米。

12 矩形

将这 4 个矩形按照下图中的样子放在一起。它们的四个边可以在中间(即阴影部分)组成一个边长为 1 厘米的空正方形。

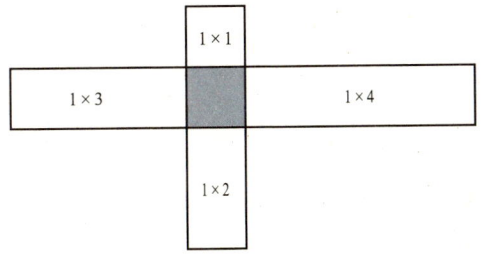

13 吊绳

把两根绳子的底端紧紧地系在一起(如图 1 所示),然后,爬到左边那根绳子的顶端,并将两根绳子缠在自己的两条腿上,在紧紧抓住绳子的同时,用匕首将右边的绳子割断;接着,使绳子从刚才系绳子的环上穿过去,并把绳子往下拽,直到绳结到达这个环(如图 2 所示)。再抓住右边的两根绳子,然后换到右边,并且把左边的绳子从环上切开,顺着双绳子落在地上。最后,把两根绳子从环上拉下来。

答案

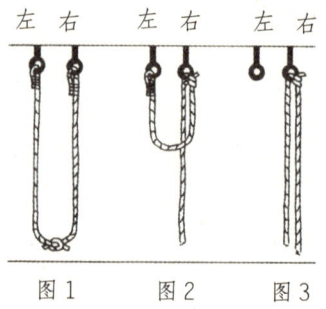

14 猜数字

每一个数都是前一个数的数位上的数字之积，即49等于7乘以7、36等于4乘以9、18等于3乘以6。所以，答案是8，即1乘以8。

15 盐和胡椒粉

如果你有浓密的头发，那么它会有助于你解决这个题。拿出你的梳子在头上梳几下，然后把梳子往下放，并使梳子齿放在胡椒粉的上方。这样，胡椒粉就会从盐里分离并吸附在带电的梳子上，原因在于你在梳头时将静电传在了梳子上。

16 铅笔

答案如下图：

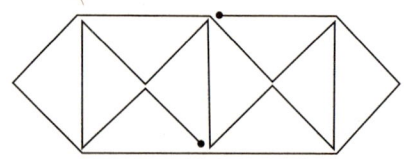

17 剧场

具体的入场费可以分为：11位男士，共55元；19位女士，共

38元;70名儿童,共7元。这样,总共有100个人,整整100元。

18 硬币

将任意一枚"背面"1元硬币翻过来,然后把它放在一枚"正面"5角硬币上,保证这枚5角硬币完全被那枚1元硬币遮住。这样,如果你从桌上看的话,你会发现正面的硬币有3元。

19 鱼

答案如下图:

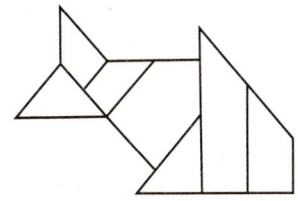

20 巴兹·索

最少可以锯成2块,沿着图中虚线将木板锯成2块,然后把锯下来的那块木板两端的位置颠倒,并重新放在木板上。这样,那个洞就位于木板的中间。

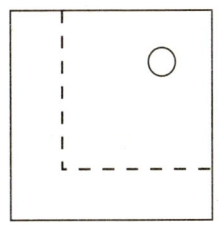

21 蜘蛛

解决这个题之前,先把这个圆柱体想象成一个展开的平面(如下页图所示)。苍蝇的位置在F点,蜘蛛的位置在S点。将左边的线段延长1厘米至B点,线段BS与图中顶端线段相交于A点,而这个点就是蜘蛛应该从圆柱体边上经过的地方。蜘蛛行走的路线就是一个直角三角形的斜边，这个三角形底边长 4 厘米、高 3 厘米。这样，斜边长为 5 厘米，这是蜘蛛所能走的最短路线。

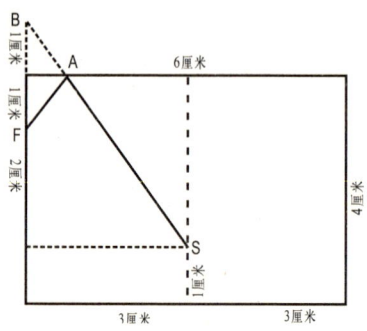

22 小丑

约翰扮演了高尔夫球手和理发师；迪克扮演了喇叭手和作家；罗杰扮演了计算机技术员和卡车司机。

23 计算

在这个风筝上有不同大小的正方形 34 个、三角形 104 个。许多正方形和三角形都与其他正方形和三角形重叠在一起。下面是我们这幅画当中出现的各种尺寸的正方形和三角形。

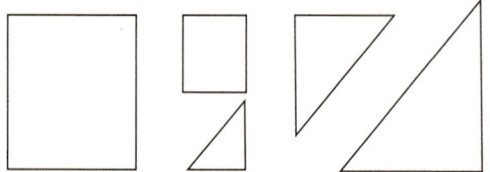

24 婚礼

举行婚礼的日子是星期日。我们得把他说的话分成两部分。

日 一 二 三 四 五 六 日
　第一部分　　　　　　　第二部分

在第一部分"那个日子的后天是'今天'的昨天，……"，从星期天往前算，就到了星期三，即过了3天。在第二部分"那个日子的前天是'今天'的明天，这两个'今天'距离那个日子的天数相等"，从星期天往后算，这样就到了星期四，即距离星期天有3天。所以，这个答案当然就是问题中所提到的日子。

25 七角星魔方

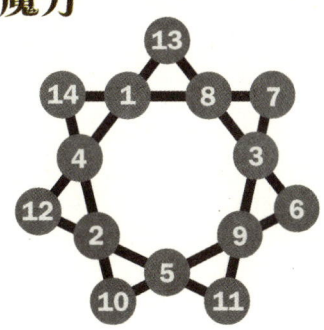

26 大学男生

这个大三学生需要 10652 元。

$$\begin{array}{r}\text{SEND}\\+\ \text{MORE}\\\hline\text{MONEY}\end{array} = \begin{array}{r}9567\\+\ 1085\\\hline 10652\end{array}$$

27 盛汤的碗

每种面值的硬币各有 500 枚，它们依次为：
500 枚 1 元硬币 = 500 元；
500 枚 5 角硬币 = 250 元；
500 枚 1 角硬币 = 50 元。

28 钟

当多朗格·基德开始拽绳子时，他会发现自己也升在空中而且距离地面的高度与钟相同。当钟距离地面1米时，基德也是1米。无论他拽绳子有多快或者慢，他距离地面的高度与钟相同。两者会一起到达塔的上面，而这也是他想要做的。

29 城堡

女儿将炮弹作为平衡物先下去，然后国王和儿子把上面篮子里的炮弹取出来，让儿子下去，这时让女儿作为平衡物。接着，让炮弹单独下去，当它落地时，让儿子和炮弹作为平衡物，他们的合力可以使国王下来。王子然后从篮子里出来，再让炮弹单独下去。接着，女儿下去，炮弹上来。儿子再把炮弹取出来，然后单独下来，他的妹妹上去。女儿接着把炮弹放在另一个篮子里，使自己降落到地面上。

30 螺旋

答案如下图所示：

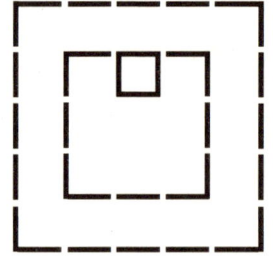

31 蜘蛛网

下面的步骤清楚地说明了计算过程：
步骤1:20 × 4 = 80（周长）。
步骤2:80 ÷ 3.14 = 25.48（直径）。

步骤 3:25.48×25.48 = 649.23 （正方形面积）。
步骤 4:25.48÷2 = 12.74 （圆半径）。
步骤 5:12.74×12.74×3.14 = 509.65（圆面积）。
步骤 6:649.23 - 509.65 = 139.58 （四个角的面积）。
步骤 7:139.58÷4 = 34.9 厘米 （蜘蛛网的面积）。

32 桥

你所要做的就是按照下图所示的样子把纸打成褶，这样问题就解决了。

33 瓶子和钥匙

这个题只有在阳光充足的日子里才能解决，因为绳子要受阳光的影响。要把钥匙从绳子上取下来，只需要一个放大镜，并使太阳光透过瓶子聚在绳结上，时间不长，绳结就会烧断，这样，钥匙将落到瓶底。

34 马

下面就是特雷弗·托兹的解决办法。他骑着自己的马到拉洛尼的马厩，并把这匹马算到作为遗产的 17 匹马内，这样总数就达到了 18 匹。他然后分给了约翰 9 匹马（18 的一半），分给詹姆士 6 匹马（18 的 $\frac{1}{3}$），分给威廉 2 匹马（18 的 $\frac{1}{9}$）。他的这种分法是按照地主的遗嘱进行的，同时，也使各方都得到了满足。最后，特雷弗骑着自己的马高兴地回家了。

35 伪造币

参加比赛者从1号帽子取1枚硬币、从2号帽子取2枚硬币、从3号帽子取3枚硬币，往后依此类推。这之后，他们把这50枚硬币放在秤上称。如果这50枚硬币都是真的话，那么，它们的总重量将是500克；但是，由于其中的1枚或者多枚硬币是伪造的，所以总重量小于500克。将这个重量从500减去之后的差就是装有伪造币的帽子的号码。比如，如果伪造币装在6号帽子里，由于硬币堆里有6枚硬币在这个帽子里，那么，秤上显示的总重量就是494克。将494从500减去之后的差是6，这就是装有伪造币的帽子的号码。

36 盾牌

从任何1个点开始，数6个点，将1枚硬币放在第6个点上。记住你开始计数的那个点——那是你放第2枚硬币的地方。从那个可以数到第一个点开始计数，将第3枚硬币放在可以数到第2枚硬币开始的点。依此类推，将剩下的硬币放在各自的点上。

37 单词

这8个单词的共同之处就是它们每个词当中都包含连续的3个字母。

38 心算

将最大和最小的数组成一对（1 + 100 = 101；2 + 99 = 101；3 + 98 = 101）依此类推，这样，会得到50对数字。所以，50×101 = 5050，即"心算"的算法。

39 手

任何一个不知情的人都会将扑克牌慢慢地抽出,这无疑会失败。正确的方法是用左手向扑克牌的一个角猛弹,如果运用得当的话,扑克牌将旋转着快速飞出去,而硬币仍会安然停留在你的右手拇指上。

40 连线的风筝

比夫是按下图的方法解答风筝思维游戏的。

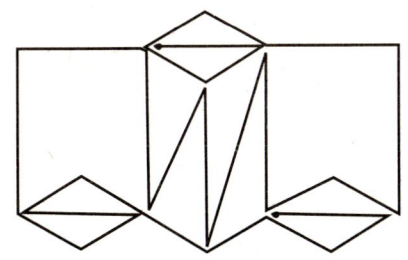

41 伪钞

哈利截获的各面值的伪钞包括:

面值	数量	总值
1元	10	10元
5元	100	500元
10元	9	90元
50元	18	900元
总计	137	1500元

42 选举

按照图1的样子将一张纸的顶部和底部的一部分折叠。然后,画出"X"的一边,并将线画到顶部折纸上(如虚线所示);接着往回画线，返回纸张的中部并将"X"的另一边画出来（如图2所示）。随后，继续画线并延伸到底部折纸上，同时，将线延伸到另一侧（如图3中虚线所示）。最后，使线条离开折纸，并返回纸张的中部，再围绕"X"画出方框（如图4所示）。这时，你就可以用一笔在线条不相互交叉的前提下连续画出一个正方形，其正中央有一个"X"。

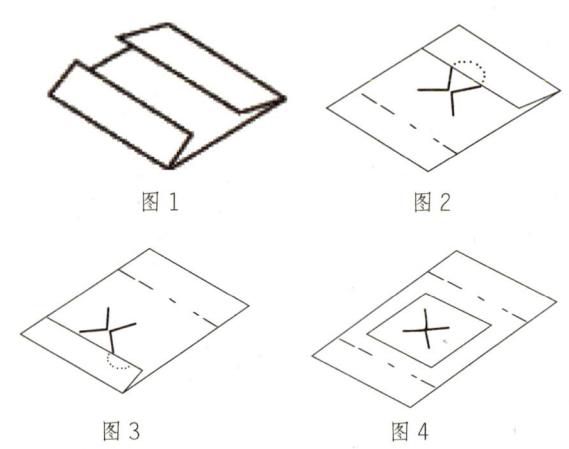

图1　　　　　图2

图3　　　　　图4

43 六边形

下面的图形展示了所要画的9条线的位置。

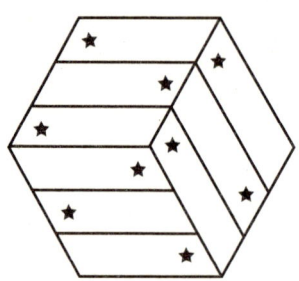

很美很美的烧脑书

世界智力开发
经典题、黄金题、关键题

杨易 ◎ 主编

天津出版传媒集团
天津科学技术出版社

目录 CONTENTS

世界上令人难以置信的思维游戏

- *01* 木匠活 2
- *02* 房地产 3
- *03* 火柴(1) 4
- *04* 石碑 5
- *05* 小正方形 6
- *06* 财宝 7
- *07* 中世纪 8
- *08* 神奇的"Z" 9
- *09* 玩具 10
- *10* 魔法硬币 11
- *11* 鸡 12
- *12* 重量 13
- *13* 第一 14
- *14* 加法(1) 15
- *15* 正方形 16
- *16* 女巫 17
- *17* 路线 18
- *18* 桥牌 19

19	数字游戏	20	25 设计图	26
20	生日	21	26 剪正方形	27
21	禁酒时期	22	27 黑白筹码	28
22	讨论会	23	28 八角星魔方	29
23	新式计算机	24	29 啤酒搅拌器	30
24	啤酒	25		

世界上超复杂的思维游戏

01	数学符号	32	08 书	39
02	螺钉	33	09 牙签	40
03	巧克力	34	10 三明治	41
04	火柴(2)	35	11 赛马	42
05	连线	36	12 手表(1)	43
06	幻方	37	13 千禧年	44
07	A 和 K	38	14 装饰品	45

15	狗窝 46		25	钉子 56
16	圣诞节 47		26	号角民谣口琴 57
17	魔力壶 48		27	加法(2) 58
18	圣诞老人 49		28	晚宴 59
19	五角星游戏 50		29	为难人的扑克牌 60
20	固体 51		30	迷宫 61
21	苹果 52		31	字典 62
22	画像 53		32	午餐托盘 63
23	跳跃(1) 54		33	勘测员 64
24	圣诞节长袜 55			

世界上打破思维定式的思维游戏

01	硬币 66		04	撞钟人 69
02	纸张 67		05	护身符 70
03	考古 68		06	长袜 71

07 朗姆酒	72	20 河流	85
08 爱丽丝	73	21 跳跃(2)	86
09 海马	74	22 圆圈	87
10 关系	75	23 公寓	88
11 手表(2)	76	24 合理安排	89
12 竞赛	77	25 速度	90
13 靶子	78	26 置换	91
14 欺骗	79	27 砖墙	92
15 果园	80	28 假砝码	93
16 纽扣店	81	29 钓鱼	94
17 图形	82	30 跨栏	95
18 箭轮	83	31 书法	96
19 农夫	84	**答案**	97

世界上令人难以置信的思维游戏

01 木匠活

　　有一天，老木匠海勒姆·鲍尔皮尼在木场把所有人都给难住了。他拿出来一块不规则的胶合板，然后向工厂工人提出了挑战，看谁能把它切成 3 块并把它们拼成一个边长为 1 米的正方形。

（答案在 98 页）

房地产

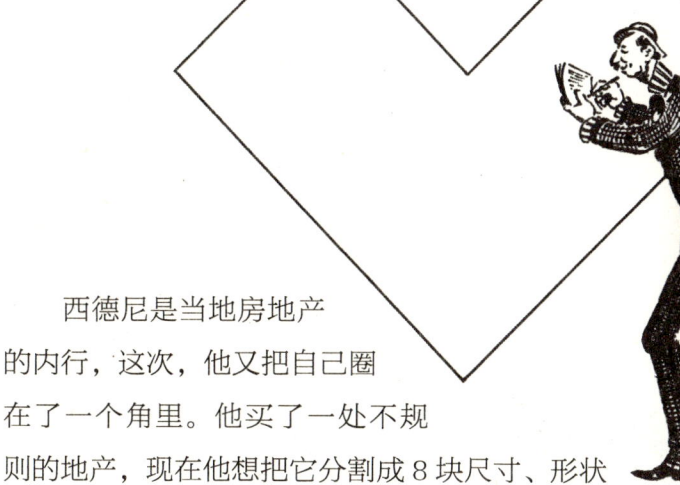

西德尼是当地房地产的内行,这次,他又把自己圈在了一个角里。他买了一处不规则的地产,现在他想把它分割成8块尺寸、形状相同的建筑用地。那么,你能否告诉他应该把分界线布置在地产的哪些地方,以便他把这些精选品展示给可能的买家呢?

(答案在98页)

火柴(1)

很多年以前,抽烟是社交上的常事,每个人都随身带着火柴并知道至少6个有关火柴的游戏。下图中的12根火柴拼成了一个正方形。这个正方形的面积是9个平方单位,而这个单位的长度就是火柴的长度。那么,你能否将这12根火柴重新排列,使它们的面积为4个平方单位呢?当然,所有的火柴都不能重叠在一起。

(答案在98页)

04 石碑

"皮特里,我们的这个发现会载入史册的。寓言中的底比斯人的瓦石碑终于被挖掘出来了!"

"是啊,霍金斯!值得庆贺。现在我们来把这个题解答出来。根据记载,'只有找出瓦碑上大、小正方形的个数才能达到完美。'"

那么,读者朋友们,你们能找出多少个正方形呢?

(答案在99页)

小正方形

为了娱乐,苏珊今天把费尔韦瑟尔市长带到了思维游戏俱乐部。茶、三明治和牙签的题好像是菜单上的主要项目,可以容纳多人的房间总是在下午的时间开放。所以,你何不拉把椅子坐下,并且给市长一些帮助呢?在这种比赛上,他总能在很短的时间内把答案想出来。

(答案在99页)

06 财宝

戴佛尔·邓肯在一艘失事船里检查时，找到了一个保险库，而就在那一天，他赚了大钱。他先提出来4袋钱，里面各有60枚、30枚、20枚和10枚金币。当他数完剩下2个袋子里的钱时，他发现这6个袋子硬币的个数形成一个特殊的递进关系。那么，你能根据这个情况计算出第5袋和第6袋里的硬币个数吗？

（答案在99页）

# 07 中世纪

在城堡里长大的孩子不只会格斗和打仗,他们也会做相当数量的学校作业。这里我们看到的是令人尊敬的兄长正在让这些孩子解答一个数字替换题。在这个乘法算式里,有些数字已经被星号所代替。那么,请你试试,看能否把这个算式还原回来。

(答案在100页)

08 神奇的"Z"

那个埃及的奇迹制造家——乔德·赫拉比正准备表演"神奇的'Z'"。他在大家的面前,把这个图形劈成了3块,然后使它们在空中旋转后返回,并拼成了一个完整的正方形。那么,你知道这3块如何重组才能拼成一个正方形吗?

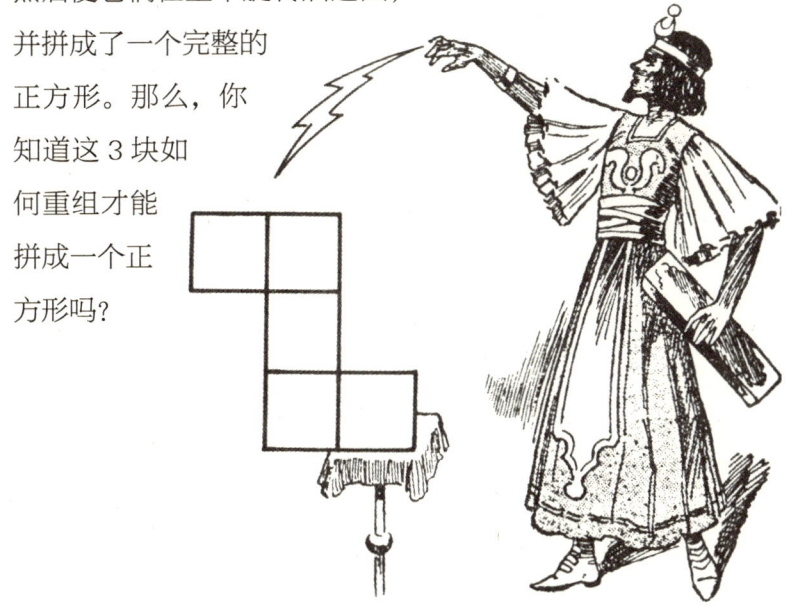

(答案在100页)

09 玩具

有一天,加尔文·克莱克特伯尔碰到了一些铁制的机械玩具收藏品,他因此大花了一笔。其中,包括自动倾卸卡车、蒸汽挖土机以及农用拖拉机,我们把他的发现编成了一个题。他买了下面4堆玩具:

第1堆有1辆拖拉机、3辆挖土机以及7辆卡车,它们花了140元。

第2堆有1辆拖拉机、4辆挖土机以及10辆卡车,它们花了170元。

第3堆有10辆拖拉机、15辆挖土机以及25辆卡车。

第4堆有1辆拖拉机、1辆挖土机以及1辆卡车。

问题就是计算出加尔文为第3堆和第4堆玩具花了多少钱。

(答案在101页)

魔法硬币

魔术师已经摆出来6枚魔法硬币。前3枚硬币背面朝上,后3枚是兔子朝上。你要用3步将它们的顺序改为:背面、兔子、背面、兔子、背面、兔子。每次移动你都必须将相邻的两枚硬币翻面。

(答案在101页)

11 鸡

从它们出现在思维游戏中的次数就可以断定鸡是圈养动物里最聪明的动物之一。有一天,塞·科恩克利伯又在西洋跳棋比赛中输给了波普·本特利,于是他就问波普下面这个问题:如果一只半鸡在一天半下了一个半鸡蛋,那么 6 只鸡 6 天下多少个鸡蛋?波普现在在研究这个题。那么,你认为这几只鸡会下多少个鸡蛋呢?

(答案在 101 页)

重量

"好的,先生!等哈肯布什先生一回来我就转告他。盒子1和2的总重量是12千克,盒子2和3的重量是$13\frac{1}{2}$千克,盒子3和4的总重量是$11\frac{1}{2}$千克,盒子4和5的总重量是8千克,同时,盒子1、3、5的总重量是16千克。您让他计算出每一个盒子的重量,然后再打电话告诉您。别担心,先生!我已经把它们全部详细记在脑子里了!"

你想听听哈肯布什先生回来时巴斯卡姆还记着哪些吗?同时,你能计算出每一个盒子的重量吗?

(答案在101页)

第一

通过战胜无敌舰队,英国成为大西洋霸主,为了纪念它,库珀先生创作了下面的这个题:找出由同一个数字组成的两个数,这两个数不论相加还是相乘,结果都相同。

(答案在101页)

14 加法(1)

图中我们看到的是查理·秦,他是一位著名的杂耍大师,他此刻正在解决由某位观众提出的一个加法题。查理必须将右图中5个三位数中的6个数位上的数字删去并使删除后的数相

加的结果等于1111(当一个数位上的数字被删去后,这个数位的数字用零代替)。查理可以在30秒内把问题解决。那么,你呢?

(答案在101页)

15 正方形

"哇！我想我找到答案了。我会把它刊登在《绘图文摘》的封面上！"

好像沃尔多·奎勒已经把那个著名的直线和正方形游戏解决了。这个题要求用最少的直线画一个图形，这个图形要有100个正方形。在右图的例子里，你会找出20个正方形。如果你能解答这个题，那么你就有资格参加正方形比赛了。

（答案在102页）

很 美 很 美 的 烧 脑 书

16 女巫

有个醉意蒙眬的农民十分倒霉,他被一个恶毒的女巫抓住并被带到破烂的房子里。"如果你想活命,你只能说一句话!"她咆哮说,"如果你说对了,我会把你榨成油;如果说错了,我会把你喂蝙蝠!"这时,那个农民立刻清醒过来,然后说了一句话,这句话让女巫诅咒了他但还是把他释放了。那么,那个农民说了什么呢?

(答案在102页)

 # 17 路线

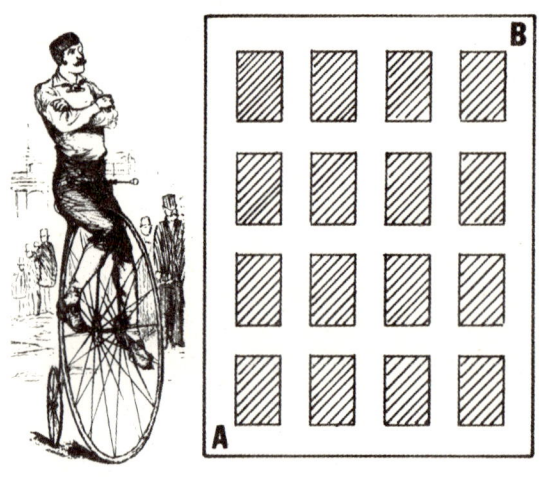

上图中的奥托·凡·斯普洛奇特是位怪才,在自行车的鼎盛时期,奥托是高飞自行车厂的首席工程师。每天早晨,奥托骑车从图中 A 点出门到 B 点的自行车厂,奥托喜欢每天从不同的路线走。那么,你能计算出在他家与工厂之间有多少不同的路线吗?他骑车总是先向上,再向右。

(答案在 102 页)

18 桥牌

下图中有3个男人,他们是克劳德、贺瑞斯和塞尔温,他们分别与迪尔德丽、爱利卡和伊莫金结婚,尽管他们未必是按下图中的顺序就座,但他们都喜欢在俱乐部度过节日的夜晚。请你猜猜他们谁跟谁是一对。

克劳德的妻子和爱利卡的丈夫是桥牌的搭档,他们的对手是迪尔德丽和伊莫金的丈夫,所有的男人都不是和自己妻子的搭档,贺瑞斯根本就不玩桥牌。

(答案在103页)

19 数字游戏

　　这是一个很有意思的思维游戏。南瓜先生给你 13 个 3，让你把这些数排列成一个等式并使结果等于 100。

（答案在 103 页）

20 生日

"名声在外有什么好处?随着时间的流逝,财富又有什么好处呢?两天前我还是54岁,明年我就57岁了。这会意味着什么呢?"

古特洛克斯先生突然忧虑起来。你能否根据他所说的话判断出他的生日是哪一天呢?

(答案在103页)

# 21 禁酒时期

在禁酒时期,斯威夫特·奥布莱恩是芝加哥北部最聪明的烈酒走私者。现在我们看到斯威夫特正把班尼最好的20箱烈酒送到他选出的4个客户那里。他是这样分配的:

汉拉迪的酒吧获得的酒比荷兰人的咖啡厅多2箱。

埃德娜的海德威酒吧比萨尔的酒吧少6箱。

萨尔的酒吧比汉拉迪的酒吧多2箱。

荷兰人的咖啡厅比埃德娜的海德威酒吧多2箱。

那么,这几个酒吧各自获得几箱酒呢?

(答案在103页)

22 讨论会

圣诞节临近,参加圣诞老人讨论会的动物助手也开展了圣诞前的动员会。现在我们看到的是他们正在解答一个很难的数学题。要解决它,你必须用从 1 到 9 这 9 个数字替换数学表达式中的字母,同时,必须使最后得出的减法表达正确,相同的数字要替换相同的字母。

(答案在 103 页)

23 新式计算机

"很好，亨利教授，我当然希望您的新式计算机能帮我一把。我的学生认为我无能，因为他们觉得我无法解答他们认为是很简单的题。他们向我提出了挑战，让我找出最小的那个数：如果被2、3、4、5或者6除，余数总是1；如果被7除，那么就不会有余数。您能帮帮我吗？"

"当然了，我亲爱的朋友！我只需要把你这个问题的参数输进去，瞧，我们的答案就打印出来了！现在有结果了！这个数字就是……"

（答案在104页）

24 啤酒

很显然,这是发生在巴伐利亚的婚姻生活片段。但是,上面的对话中又出现一个有趣的问题。假如奥托没有跟他在一起,那么布伦希尔德自己喝光一桶啤酒要用多长时间呢?

(答案在 104 页)

25 设计图

左图的那个艺术家遇到了一大堆麻烦。他画的那个五角星上有5条直线路和10个金字塔，每条路上各有4个金字塔，每一个金字塔都可以直接通往沙漠。虽然这个设计图也符合法老所要求的5条直线路、每条路上各有4个金字塔，但是除此之外，他还要求设计图内要有两个金字塔，这样，任何一个从沙漠来的人只有通过外线的一条路才能进入金字塔内。那么，他应该设计什么样的设计图呢？

（答案在104页）

26 剪正方形

下图中的那位先生正设法找出那幅画可以剪成的最少正方形个数。如果沿着所有直线剪,那么可以剪成169个正方形,这是最多的正方形。这幅画可以剪成,比如,一个6×6的正方形(即36个小正方形)、一个4×4的正方形(即16个小正方形),或者一个2×2的正方形(即4个小正方形)。相同尺寸的正方形可以重复出现,但是所有的正方形的尺寸不能都相同。

提示:我们的答案中的不同尺寸正方形的个数少于20。

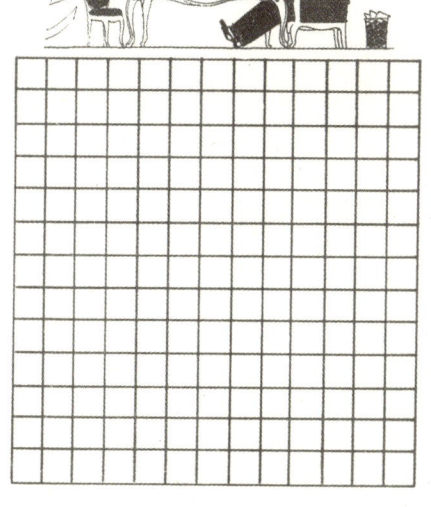

(答案在104页)

27 黑白筹码

在 19 世纪 20 年代，有许多令人愉快的书，它们价钱虽然很低，但却能带来无限的乐趣。一本 5 角的书就可以让你学到有关魔术、思维游戏、国际象棋以及拳击的知识。这里就有一个从这些书当中找出来的有趣的题。

在一大张纸上画出 10 个表格（如上图所示）。然后，把 4 个白色扑克筹码和 4 个黑色扑克筹码放在前 8 个方格内，按照图中的样子，将各颜色的筹码交替放置。现在，要把筹码变成下面的顺序，在这个过程当中，每一次要将相邻的两个筹码移动到 2 个空方格内。而你只能通过 4 步来完成。

（答案在 105 页）

28 八角星魔方

你能将数字1到16填入下图的八角星圆圈内,使得每条直线上数字之和为34吗?

（答案在105页）

29 啤酒搅拌器

沃尔夫冈的豪斯啤酒店里最聪明的服务员是阿达尔伯特孪生兄弟——艾克和迈克,除了端送啤酒和土豆,他们还用一些思维游戏招待喝酒的客人。上面这个啤酒搅拌器游戏展示的是一个由罗马数字组成的等式。这个等式是错误的,但是如果你只移动其中的一个搅拌器,将它放到另外一个地方,那么这个等式就是对的。请你试试,看能否成功过关。

(答案在105页)

世界上超复杂的思维游戏

01 数学符号

"把它们放在桌子上,比尔。答案就在这些书里!"

法雷现在已经智穷力竭了,他解决不了这个古老的难题:将1至9按顺序写下来,将两个减号和一个加号插在某些数位之间,使数学表达式的结果等于100。

(答案在106页)

02 螺钉

在伯灵顿螺钉和螺母厂，如果哪个学徒不能回答这个著名的螺钉思维游戏，那么他就不能成为一个合格的铸造工人！每个学徒都必须拿两个相似的大螺钉，然后把它们放在一起，使螺纹相啮合，步骤如下：学徒必须按图中所指的方向将螺钉 A 沿着螺钉 B 移动。在这个过程当中，两个螺钉要抓紧，这样它们才不会旋转。现在要回答的问题就是：两个螺钉头究竟是越离越远还是彼此之间距离保持不变？

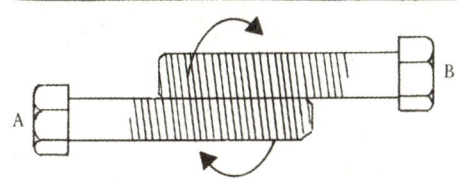

（答案在 106 页）

03 巧克力

"妈妈,你看这块巧克力这么大!爸爸说只要我们把他这个著名的'萨尔兹堡方块'糖果题解答出来就可以尝尝巧克力了!"

萨尔兹堡方块思维游戏是要把由 20 个边长为 2 厘米的正方形组成的大巧克力板分成 9 份,而这 9 份巧克力在重新排列之后可以拼成 4 个大小相同的完整正方形。

(答案在 106 页)

04 火柴(2)

　　爱德在海运湾工作，每天他都与老板玩火柴棍的游戏，上周，他按上图中的样子摆出了 24 根火柴棍，火柴围成了 9 个正方形，所要做的就是移走其中的 8 根火柴，使其成为 3 个正方形。

（答案在 106 页）

05 连线

女士们、先生们,约翰是莎士比亚风格的肖像画家!这幅神奇的画是约翰一笔画下来的,线条无一重叠。你能做到吗?

(答案在107页)

06 幻方

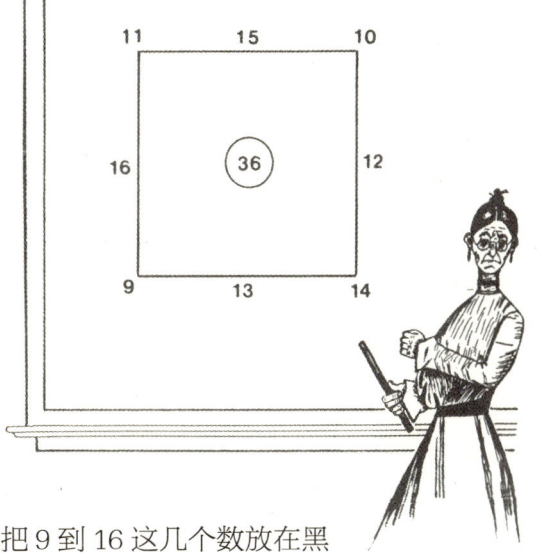

那位优秀的代课老师——普里西拉·苏珊女士今天给我们上数学课。大家注意听啊!

"你们的老师特雷西先生告诉我你们需要在解答幻方上面多加练习。现在,我把9到16这几个数放在黑板上这个正方形的边的周围,同时,各边上的3个数字相加的结果都是36。你们的任务是将其中的8个数字重新排列,使各边上3个数字相加的结果都等于37。"

(答案在107页)

07 A 和 K

"阿拉卡扎姆,让别的牌都走开!女士,您的牌是……5张梅花!"

"那么,现在我们进行一个有趣的扑克牌思维游戏,我把它叫作'A和K'。先生,这里是从一副扑克里抽出的4张A和4张K。我向你提出挑战,看谁能把它们交替放置在桌子上,使顺序依次为:K,A,K,A,K,A,K,A。但是,发牌时必须按照下面的步骤进行:把这8张扑克牌正面朝下拿在一起,然后,把顶部的扑克牌放在最下面,并且把第二张牌掀开,再正面朝上放在桌子上,依此类推,直到这8张扑克牌都放在桌子上。"

"如果您在我表演完之前把这个问题解决,那么您就可以担当我的助手。"

有"牌王"之称的奈德·费尔班克斯向我们的读者提出了一个有趣的挑战。我们来看看你能否在牌落下之前找出其中的秘密所在。

(答案在107页)

08 书

第1个学者:"亨利·德朗普斯所著的《自然力奇术解密》的未删节版本上说如果你吸足气就完全可以把很重的物体吹倒(比如,他举了魔术师派尼蒂的例子:这位魔术师在一本字典的顶部放了一大本书,然后只用了几口气就把两本书都吹翻了)。"

第2个学者:"他肯定不只是用气吹的,也许他还用了托盘呢!"

那么,你能帮这两位学者找出这个秘密的奥妙所在吗?

(答案在107页)

09 牙签

(答案在108页)

三明治

"诺伯特,你要有耐心。你要是一开始帮我做芦笋三明治的话,1个小时之前我就做完了。你要是想知道我要做多少个三明治的话,我可以给你一个提示。如果用三明治的总数除以2、3、4、5或者6,你会发现所有的余数都一样;但是,如果除以11的话,将不会有余数。你要找出符合以上条件的那个最小值。现在他们来了,开始把菠萝倒进去。"

"卡米拉,那些三明治还没有做好吗?现在做了几个了?最后一个四人组正在打第18个果岭。作为锦标赛的东道主,我的声誉要保不住了!"

(答案在108页)

11 赛马

在第 6 站赛马比赛里,有 6 匹马在长 200 米的赛道上赛跑,最后的结果显示在右图的揭示牌上。一位十分喜爱马匹思维游戏的改良者发现一个有趣的题:如果将上面各栏中的数字改变位置,那么就

亚特兰大市——第6站比赛						
马匹	第1站	第2站	第3站	第4站	第5站	第6站
八号	6	2	3	5	4	1
干草燃烧炉	3	6	5	4	1	2
慢速启动	5	1	6	4	2	3
不走运	5	6	1	2	6	4
驼背	4	4	1	3	3	5
倒数第一	2	5	3	1	4	6

可以使每一行、每一列中从 1 到 6 这 6 个数字只出现一次,从而形成一个数字幻方。你能在 10 分钟内解决问题吗?

(答案在 108 页)

手表(1)

克兰西三兄弟是纽约市古老的熨斗大楼里最出色的清洁工,为了对他们的准时表示感谢,业主们送给他们每人1块卡兰德手表。但是,麻烦也随之而来。布莱恩那块表很准时,巴里那块表每天都慢1分钟,而帕特里克的表则每天都快1分钟。如果兄弟三人在收到手表的那天中午同时把手表调到准确时间并且此后不再调整手表的话,那么这3块手表需要过多少天才能再次在中午显示正确时间呢?

(答案在109页)

千禧年

第二个千禧年时人们用一个特殊的"千禧年幻方"思维游戏庆祝了一下。建立的这个幻方里的数字无论在水平方向、垂直方向还是对角线上相加的结果都是2000。现在,我们已经为你填出了其中的4个数字,而剩下的12个范围在492到503的三位数要由你来填。你能解答这道题吗?

(答案在109页)

14 装饰品

"罗莎琳德,那边塔顶上的奇怪装饰品究竟是从哪里弄来的呢?"

"怎么了,这个结构由 18 根棍子焊接而成,里面有 9 个三角形。有一个关于它的思维游戏,如果去掉其中的 3 根,那么可以剩下 7 个三角形。如果你能完成的话,我就让你在明天格斗的时候带着我的手帕。"

那么,你能不能帮这个年轻人完成呢?

(答案在 109 页)

狗窝

在右图中,我们的狗——杰姬在向她的朋友炫耀她的新家。我们用10根火柴杆把她家的轮廓拼了出来,她的朋友很喜欢她的新家,只是觉得它应该转90度,这样它就可以面对路这边了。那么,你能将两根火柴移到别的位置使她的家面对路吗?

(答案在110页)

16 圣诞节

在圣诞节这一天,妈妈和孩子们围在圣诞树周围,爸爸在他喜爱的椅子上打盹儿,而对其中的 3 个孩子来说,这一天不同寻常,因为圣诞节是他们的生日。我们来看看你能否判断出他们的年龄。今天巴顿的年龄是温德尔和苏珊年龄相加的总和。去年圣诞节时,温德尔的年龄是苏珊的 2 倍。如果从现在算,那么两年后,巴顿的年龄将是苏珊的 2 倍。

那么,你能否在火鸡和菜肴摆在桌子上之前猜出他们的年龄呢?

(答案在 110 页)

17 魔力壶

"有个农夫带了两笼子的动物去市场。一个笼子装着兔子,而另一个笼子则装着野鸡。当别人问他每个笼子各装了多少时,他回答说:'两个笼子里的动物一共有35个脑袋、94只脚。'根据这个,你应该可以回答你的问题了!"

左图是维多利亚时期著名的艺术家——魔术大师帕兹林·普兰德加斯特和他会说话的茶壶。普兰德加斯特是如何使茶壶说话的虽然不得而知,但是可以看出这是口技。然而,最重要的是它说的问题。那么,你能否解决上面茶壶提出的问题呢?

(答案在110页)

18 圣诞老人

这个很棒的思维游戏你可以等到下次圣诞派对时再使用。右图的正方形里有2个圣诞老人,把这个正方形打印12份,然后交给你的客人。告诉他们这个圣诞老人思维游戏要求把这个正方形切成4份,然后把它们重新拼成2个独立的正方形,而且每个正方形里各包括一个完整的圣诞老人。你能解决这个问题吗?

(答案在110页)

19 五角星游戏

19世纪初的表演者当然也有五花八门的表演。但是,他那个极瘦的助手看起来却对他的能力表示怀疑。左图的毕达哥拉斯之星思维游戏要求玩家把圆圈中的数字重新排列,使五角星内任意一条线上的4个数字相加的结果等于24。那么,你准备怎么排列呢?

(答案在111页)

20 固体

同学们,现在注意了。在我们学习塞巴斯蒂安多面体超自然力之前,我们来复习一下某些简易固体表面的特性。请告诉我下面这些固体的名字:

(1) 只有1个面。
(2) 只有2个面。
(3) 只有3个面。
(4) 只有4个面。
(5) 只有5个面。
(6) 只有6个面。

你们有60秒的时间来完成这个测试。

(答案在111页)

世界上超复杂的思维游戏

21 苹果

"农夫塞·科恩克利伯买了一筐苹果放在自己的厨房里,他的6个儿子排成行。筐里有6个苹果,可当他把苹果平分给他们之后,筐里还剩下1个苹果,他既没有切苹果也没有把苹果弄碎。那么,这是怎么回事呢?"

"真是不简单啊!怎么这么难应付!我会尽快把它解答出来!"

有了足够的时间和她的霍洛威阅读书架,就没有哪个题能把莫德·马里恩贝丽难倒。那么,你认为呢?

(答案在111页)

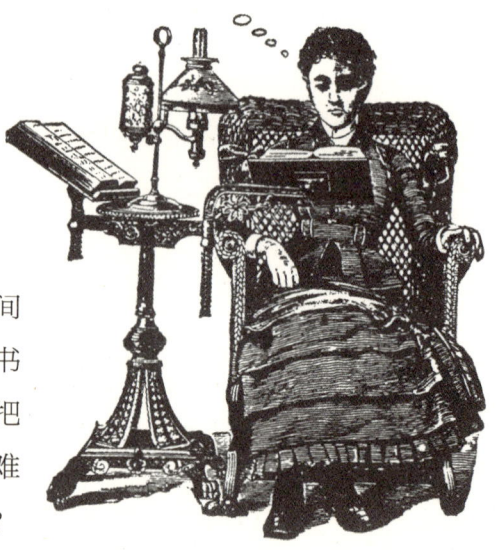

22 画像

回顾历史，我们会找到世界上第一个伟大的思维游戏大师——斯塔姆尤莫斯特二世。他创作了全新的题，名叫"斯芬克司第二个思维游戏"，并用它来为难他的朝臣。答题人必须将右图中抽象的斯芬克司画像分成形状相同的4部分。同时，这4部分必须与原图形状相同。

（答案在112页）

23 跳跃(1)

"好了,绅士们,你们要朝着那棵老橡树跑,到达老橡树时,转而往回跑,跑到起跑线。最先到达起跑线的获胜!好,现在各就位!"

比赛路线从起跑线到老橡树长14米,所以,整个比赛路线的总长度就是28米。蚱蜢一下能跳3米,而小青蛙一下只能跳2米。蚱蜢每跳3次,青蛙可以跳5次,它们谁会首先越过终点线获胜呢?

(答案在112页)

24 圣诞节长袜

现在,大家可以发现我们今年为孩子们准备了两种尺寸的长袜。一种是"我很棒",另一种是"我非常棒"!哦,我的天哪!我注意到一个思维游戏。那只大的长袜里的玩具数和小的长袜里的一样,都是由相同的数字组成的。同时,两个数的差是两个数相加的和的 $\frac{1}{11}$。

那么,每只长袜里各有多少个玩具呢?

(答案在 112 页)

25 钉子

年迈的查理·克罗斯卡特·卡拉威是我们当地木场的地方长官，他早上刮脸的时候遇到了一个麻烦。仓库里男孩子跟他说他不可能将左图构造中的4根钉子移到别的地方使原来的5个正方形变成6个。那么，你来试试，看能否把答案想出来。

（答案在112页）

26 号角民谣口琴

卡斯卡特家的孩子们最喜欢的一个玩具就是号角民谣口琴，这19个孩子每人都有一个录音筒，里面记录了他们睡觉前的一个小故事，他们把录下的声音保存在专门的记录盒内。莫尔叔叔告诉他们记录槽被12根横木连接

起来，外部有6根，另外6根作为辐条放在里面。每根横木上连接3个槽。"我给你们出一个思维游戏，"他说，"看看你们能不能将这19个标有数字的记录筒进行排列，使排列之后任意一根横木上的3个数字相加的结果等于23。"

欢迎读者朋友把记录盒拷贝下来，然后与莫尔叔叔一起玩。

（答案在113页）

加法(2)

沃尔佛教授会用独一无二的方法表达对解答不出问题者的不悦。汉斯和费德尔的惊慌失措都因下面的问题而起：将一个五位数的奇数重新排列，使其数位上数字相加的结果等于20，相同的奇数可以重新使用。你也有5分钟的时间解答这个问题。

"不许转身！我已经给了你们两个傻瓜5分钟的时间将这个简单问题的正确答案写在黑板上！我可以再多给你们5秒钟！"

（答案在113页）

28 晚宴

欢迎参加新泽西州布卢姆菲尔德镇的美味晚宴。哈里特经济餐馆点菜时所使用的语言十分有趣,我们把下图这些字母编成了思维游戏。你在解答这个题时,要将所有的字母用数字来替换,相同的字母用相同的数字替换。而替换之后,你会将她所点的东西变成一个正确的数学表达式。

ONE
ON
THE
———
CITY

(答案在 113 页)

29 为难人的扑克牌

在"为难人的扑克牌"当中,佐伊用从1到9这9张方块牌在桌上摆成了一个扑克三角形,她让萨比拉把这几张扑克牌重新排列,使组成三角形的三个边上的任意4张扑克相加的结果都等于23,三角形三个角上的每张扑克牌同时出现在两个边上。那么,你能解答这道题吗?

(答案在113页)

30 迷宫

右图中的迷宫也许是19世纪思维游戏当中最著名的一个。这个迷宫是刘易斯·卡莱尔为了和兄弟姐妹娱乐而设计的,但是它很容易让人步入歧途。里面的线路进进出出、一会儿上又一会儿下,并有许多死胡同。那么,你能否及时赶到迷宫的中央把即将落下去的矮胖人邓布迪先生解救出来呢?

(答案在114页)

31 字典

我们为那些喜欢字谜的朋友准备了一个古老的字典猜谜题。右边是从一本非常旧的字典当中挑选出来的插图。下面列出了14个词,其中的9个词描述了插图的内容。那么,你能否将它们一一对应呢?

(A) 母线;
(B) 匕首;
(C) 弩炮;
(D) 方尖石碑;
(E) 双人小汽车;
(F) 弩;
(G) 地下密牢;
(H) 商标;
(I) 带羽毛饰的平顶圆筒军帽;
(J) 四塔门;
(K) 甲虫;
(L) 印痕;
(M) 三孔滑轮;
(N) 半鹰半马怪兽。

(答案在114页)

32 午餐托盘

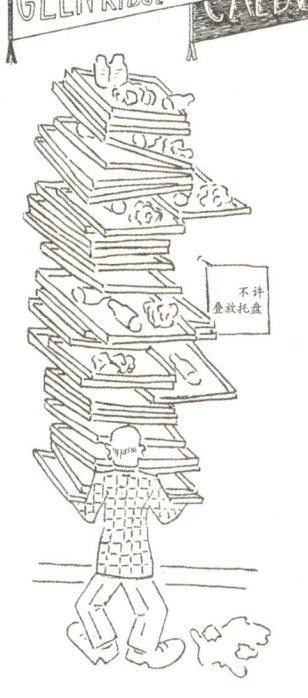

我记得上高中的时候，"大块儿头"马修斯·莫兰在学习之余赚的钱都是通过把其他学生在午餐之后的托盘拿回厨房挣来的。一个托盘他收5分钱，他因一次能拿许多托盘而名噪一时。有一天，他两趟一共拿了99个托盘。当我问他每趟拿了多少个托盘时，他回答说："第一趟所拿托盘的2/3等于第二趟托盘的4/5。现在，你应该知道了吧！"

（答案在114页）

33 勘测员

一天，有一个勘测员路过马嚼子和玉米咖啡店，在那里他讲述了他刚刚完成的工作。两个农夫买了一块土地，这块儿土地已经分割成了农场，他们让他把买来的这块地分成相等的两部分。深思熟虑之后，这位勘测员想出了答案。但问题是他并没有在离开前把答案告诉任何人。那么，你能告诉咖啡店的人们他是如何做的吗？

（答案在114页）

世界上打破思维定式的思维游戏

硬币

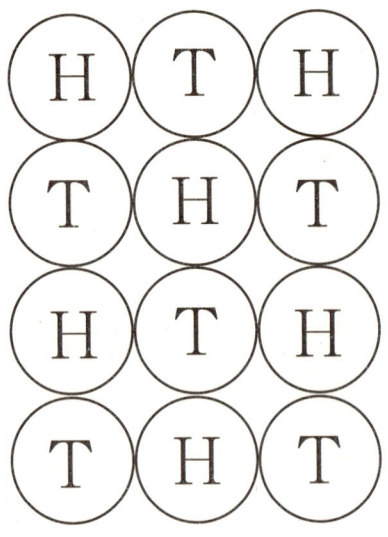

　　按照图中的样子在桌上放 12 枚硬币，6 枚硬币正面朝上、6 枚硬币背面朝上。注意，在这 4 行硬币当中，每行都同时包括正面硬币和背面硬币。现在，请移动其中的一枚硬币使水平方向的 4 行硬币全部是正面或者全部是背面。

（答案在 115 页）

纸张

这个看似"不可能"的纸张思维游戏只用一张纸就完成了。"内折边"是纸的一部分，它可以向前后移动，但是它并没有被剪掉也没有被粘住。内折边的面积正好与剪掉的两个部分的面积相等。尽管从右图看，这的确是不可能的，但是这个纸张思维游戏是如何完成的呢？

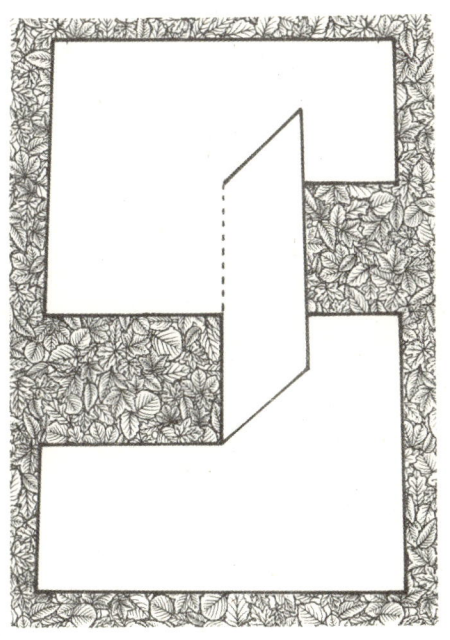

（答案在115页）

03 考古

霍金斯和皮特里这两位刚毅的考古学家又挖掘出一个古代文物。我们来听听他们说了什么:

"什么东西早上有四条腿,下午有两条腿,晚上有三条腿?"

"皮特里,我们终于发现了举世闻名的'斯芬克司思维游戏'墓碑,它都有3500年的历史了!"

"我们?什么意思,"皮特里语无伦次地说,"别把我也扯进去!我不相信造金字塔的思维游戏大师会把它写下来!"

这个墓碑当然是假的,但是这个思维游戏的确很好。看看你能不能在他们向别人打听之前把它解答出来。

(答案在115页)

04 撞钟人

塞巴斯蒂安和撒迪厄斯在钟楼值班,但是,从右图看我敢肯定他们这个晚上是不会很清闲的。通常情况下,钟在正常运转时,他们的工作量是稳定的。比如,5点时他们撞钟的时间是25秒。那么,你能否根据这些条件计算出10点时他们撞钟的时间是多少呢?

(答案在115页)

05 护身符

右图是有名的威灵顿·曼尼拜格斯的护身符。但不幸的是印刷工把数字排在错误的位置,以至于它失灵了。如果要恢复它的威力,你必须把1至9这9个数字重新排列,使每个边上的4个数字相加的结果等于17(三角形角上的数字同时算在相邻的两个边上)。

(答案在116页)

06 长袜

"罗杰·罗米利罗斯爵士至少有65套衣服；他的各式领结多得数都数不清，他的裙裾饰边同样有很多。"

虽然罗杰爵士过分讲究衣饰，但他曾被称作是出色的剑客。虽然他的击剑决斗生涯充满波折，但他总会为决斗好好打扮一番。一天早晨，当他再次为决斗装扮自己时，他要找一双长袜。他知道衣柜底下的抽屉里有10双白色长袜和10双灰色长袜。但是，由于衣柜顶上只有一根蜡烛，光线太暗，以至于他无法辨认哪个是白色哪个是灰色。那么，你认为他最少从抽屉里拿出几只袜子便可以在外边光亮处找到并穿上颜色搭配的一双袜子呢？

（答案在116页）

朗姆酒

传说很久以前,有两个好朋友——比利·伯恩斯和派斯特·皮耶,他们在布奇特·奥布拉德烈酒商店大吵起来。好像是比利拿来一个5升的空桶,他让派斯特往里面

倒4升最好的朗姆酒,但是商店只有一个旧的3升锡铅合金的小罐,无论比利和派斯特怎么试,他们都无法用上图中的这两个容器从朗姆酒桶里正好量出4升酒。他们屡屡受挫使他们大打出手。如果你当时在场的话,你能否解决他们之间的问题呢?

(答案在116页)

08 爱丽丝

爱丽丝在去参加麦德·哈特举办的茶会途中遇到一个岔口，她不知道该走哪条路。幸好，半斤和八两哥俩在那里帮忙。

"瓦勒斯告诉我，一条路通向麦德·哈

特的家，而另一条路则通向魔兽的洞穴，我可不想去那里。他说你们知道正确的那条路应该怎么走，但同时也提醒我你们当中的一个总是说实话而另一个总是说谎。他还说我只能问你们一个问题。"然后，爱丽丝提出了她的问题，而不论问他们当中的哪个，她都能得出正确的答案。那么，你知道她问了他们什么问题后找到了正确的路吗？

（答案在116页）

09 海马

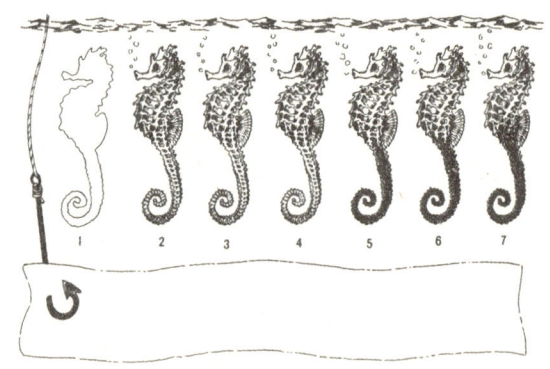

6只顽皮的海马排成队玩起一个小游戏。前面3只海马的尾巴是浅色的,而后面3只的尾巴则是深色的,它们要做的是用10步来互换位置。海马可以向前或者向后移动,它可以移到与之相邻的位置,只要那个位置是空的;它也可以从另外一只或者两只海马旁边经过,游到一个空位置上。当它们互换位置之后,原来前3个位置上应该是3只深色尾巴的海马,而后面3个位置上则应该是3只浅色尾巴的海马;同时,第7个位置应该是空的。

(答案在117页)

10 关系

"达芙妮,你觉得怎么样?这是我拜托威廉·法卡帮我画的。这幅肖像画不错吧,你说呢?这让我想出一首诗:
"我没有兄弟姐妹,
"但是这个人的父亲是我父亲的儿子。"

图中这位先生很高兴,他对自己的新艺术品非常满意。但是,有一个大问题,这幅画上的人是谁呢?同时,这位艺术鉴赏家和这幅杰作上的主人公之间是什么关系呢?

(答案在 117 页)

世界上打破思维定式的思维游戏

11 手表(2)

　　这个小个子的老钟表匠过来考验你对准确性和规律的把握能力。他从自己的名贵手表当中拿出9块,他要求你做的是将这些手表排成10个组合,每个组合3块。你能在15分钟之内解决吗?

(答案在117页)

12 竞赛

道廷奇教授去年参加了国际思维游戏竞赛,下图中的他正在寻找解答第 77 道题的良策。教授断定答案中的直线不会在任何地方相交。为了验证,教授在这里用一笔将图形画了出来。请你试试,但是你既不能使直线相交也不能在画的过程当中把铅笔抬起。同时,你不可以把纸任意折叠。

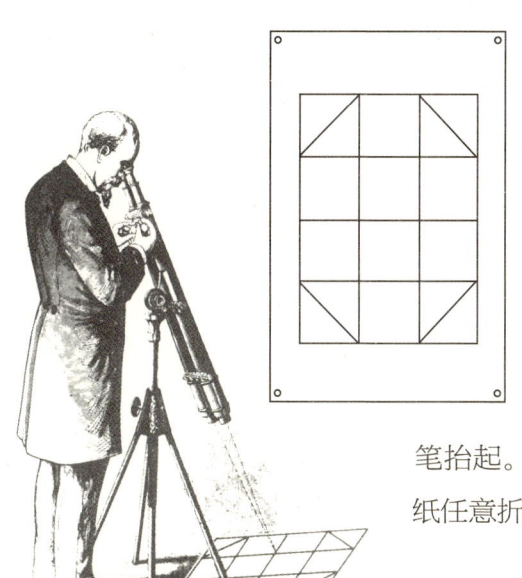

(答案在 117 页)

13 靶子

欢乐的家庭娱乐节目给我们带来一个有趣的思维游戏。亚历山大和他的妹妹西比拉在靶子上打出了相同的环数,他们一共得到了96分。那么,你知道这些箭射在哪些环上吗?

(答案在118页)

14 欺骗

特拉斯丁·奈德·阿姆斯特朗是奈德精彩体育世界的老板。有一天,他与一个看起来很可疑的人完成了当天的第一笔交易。顾客花12元买了一筐高尔夫球,他支付了20元,奈德没有零钱,于是去隔壁的面包店换钱,然后把东西交给顾客并找给他8元。10分钟后,面包师进来抱怨说那20元是假的,然后奈德从柜台拿出20元还给他。现在,奈德想的是他到底在第一笔交易当中损失了多少钱。记住,这筐高尔夫球的利润是100%。

(答案在118页)

果园

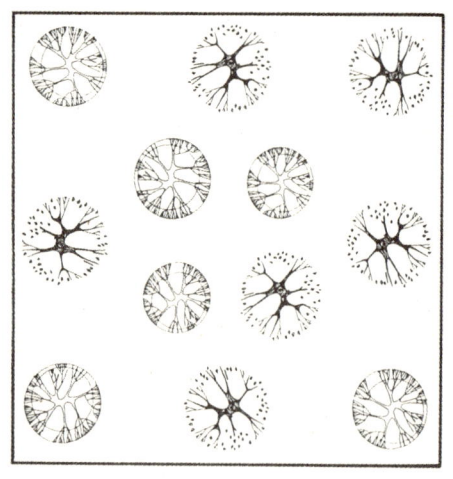

已过世的著名农学家法莫尔·布朗曾留下话,他要把他的财产平分给自己的 4 个儿子。他特别指明:他那个种有 12 颗珍贵果树的果园应分成大小、形状相同的 4 份,每份包括 3 棵树。那么,4 个儿子应该如何按照父亲的遗愿用栅栏将果园隔开呢?

(答案在 118 页)

16 纽扣店

没有哪个纽扣店能比巴顿的纽扣店好。上图是他们的快递货车,它正在运货的途中。尽管车已经过去了,很明显,货车一个侧面上的纽扣图形可以编成一个思维游戏。10个纽扣排成3行,每行有4个纽扣(其中,一行在水平方向、两行在垂直方向)。现在你要将2个纽扣移到新的位置使纽扣排成4行,每行有4个纽扣。看看你能不能在10分钟之内快速解答这个题。

(答案在118页)

17 图形

这是一个真正的智商测试题。右边有6个随意的图形,它们由圆圈、三角形和正方形构成,这个题要求你判断接下来该是哪三个图形。各就各位,预备,开始画!

(答案在119页)

18 箭轮

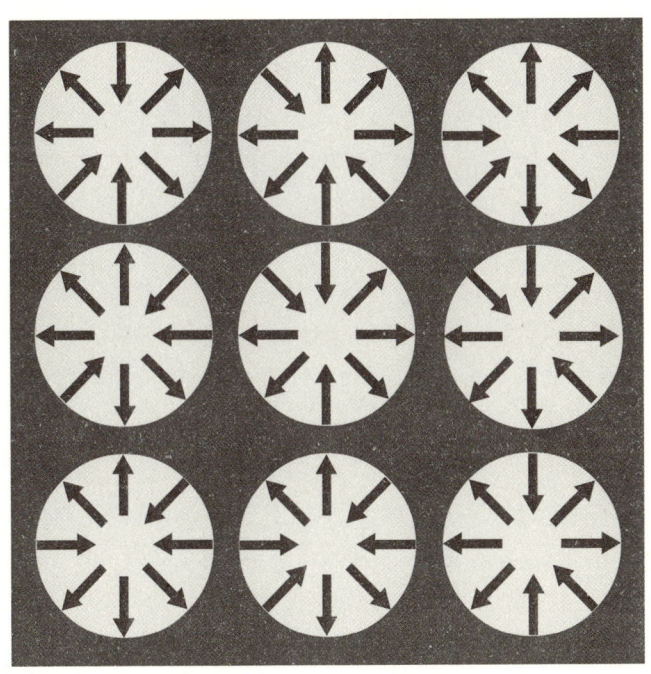

这9个箭轮中哪一个是与众不同的呢?

（答案在119页）

19 农夫

默多克是附近很有声望的农场主,他极富绅士风度,同时,他也十分古怪。上图中的他正在研究平面图,他准备把他9头良种小母牛重新圈起来,他让手下的农夫必须用栅栏圈出4块地,每块地里要有奇数数量的母牛。那么,你知道农夫是如何解决这个问题的吗?

(答案在119页)

20 河流

以斯拉·沃尔顿是湍流船队的船长,哈比·贝克维尔正搭乘他的船前往自己的新业务地区。船刚刚离开码头,哈比就睡着了。当船航行了1千米时,哈比的帽子被吹到了水里,并开始向下游漂去,而船却继续向上游前进。当哈比醒来发现自己的帽子不见时,已过了5分钟,他马上让以斯拉调转船头往下游走。他们最终找到了帽子,而帽子那时则刚刚到达他们原来出发的地方。无论上游还是下游,船航行的速度保持不变。那么,你能否根据这些信息计算出河流的漂流速度呢?

(答案在119页)

21 跳跃(2)

看看你能不能跨过这个思维游戏并取得胜利。拿出一个小棋盘（如图所示），然后，在每一个标有数字的正方形内放一个棋子。现在的问题是：从9号正方形开始，将棋盘上其他棋子都拿走，只剩下一个；而剩下的那个棋子最后要回到从9号正方形最初跳到的地方。你可以沿任意方向（斜

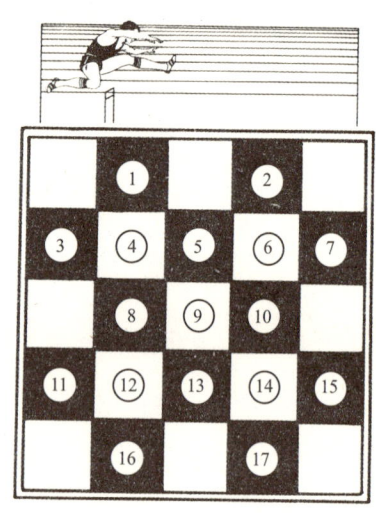

向、上下，或者对角线）将一个棋子从另一个棋子上跳过，所有被跳过的棋子就要从棋盘上拿走。但是，棋子在跳过去之后必须落在空的正方形内。你可以用一个棋子连续跳，连续跳跃被看作是一步。你能只用4步就把这个题解答出来吗？

（答案在119页）

22 圆圈

墨尔本教授正在思考一个古老的思维游戏,这个题是他的一个学生带到课堂上的。这个题是这样说的:将 12 个数字放在上图的 12 个圆圈内,要求是外圈的数字相加的结果必须是内圈数字相加结果的 2 倍,而内圈的 4 个数字必须是连续的数字。

(答案在 120 页)

23 公寓

威廉姆斯先生、巴尼特先生和爱德华兹先生都寄宿在马·博斯科姆斯公寓。他们当中,一个是面包师,一个是出租车司机,还有一个是司炉工,你要把他们一一对应。下面的线索可以给你帮助:

(1)威廉姆斯先生和巴尼特先生每天晚上都下棋。

(2)巴尼特先生和爱德华兹先生一起去打棒球。

(3)出租车司机喜欢收集硬币,司炉工带过兵,而面包师则喜欢集邮。

(4)出租车司机从来没看过棒球比赛。

(5)爱德华兹先生从来没听说过集邮。

(答案在120页)

24 合理安排

当施工人员将下图中的3座房子盖好之后,他们遇到了十分麻烦的建筑法规。现在要将水、煤气和地下电线通到每座房子,但是施工人员被告知任何一条线路都不能从其他线路的下面、中间以及上面穿过。其中一个施工人员想了一个星期才想出来不触犯法规可以把任务完成的办法。那么,他是如何解决城市建设中的困境的呢?

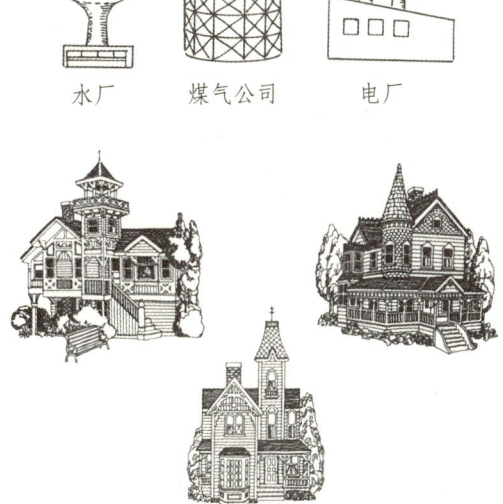

(答案在120页)

25 速度

麦德·曼·莫里提是早期的驾车兜风狂。左图中的他正从老秃山的山顶往下狂奔，崎岖的山路十分危险，幸好他的车很结实，他从自己在平特维利的家里出来之后以每小时 10 千米的速度从老秃山的一侧爬上去，然后又以每小时 20 千米的速度从山的另一侧下来。如果这时莫里提再折回到平特维利，那么他往返旅行的平均速度是多少呢？

（答案在 121 页）

26 置换

这是我们所喜欢的置换思维游戏中的一个。首先,在2、3、4这3个盒子的黑色圆点上放各放1枚5角硬币,在5、6、7这3个盒子的白色圆点上

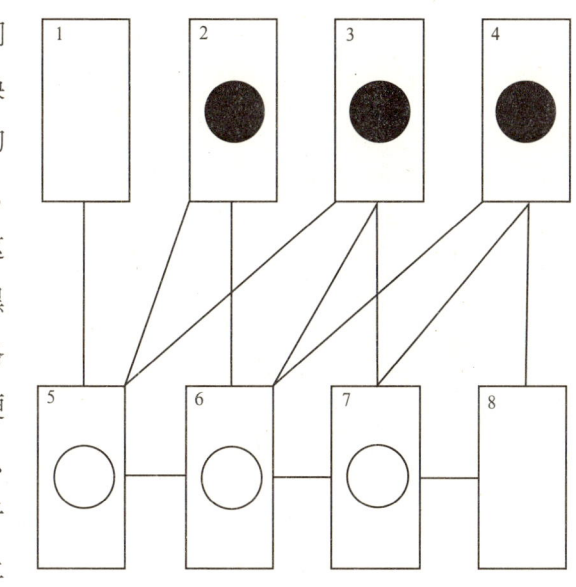

各放1枚1角硬币。然后用7步把它们的位置互换,把硬币从一个盒子沿着连接盒子的深色线移到另一个盒子里,每枚硬币都必须移到一个空盒子里。

(答案在121页)

27 砖墙

有一天,矮胖人邓布迪先生叫来一个泥瓦匠,让他在自己的花园里盖两面砖墙。两面墙的高度以及长度都相等(左图中,ab 墙的长度和 cd 墙相等)。泥瓦匠说对 cd 墙的花费要大一些,因为它位于一座山上,所以需要的建筑材料会多一些。

"胡说八道,"邓布迪先生说,"它才用不了那么多呢,盖这面墙你绝对不会用太多的砖和灰泥!"

那么,你认为他们谁对谁错呢?

(答案在 121 页)

28 假砝码

"你爸爸凯恩教授给我们出的这道思维游戏真的很不错。我们必须从这9个铅制砝码当中找出哪个是假的。其中的8个砝码每个重300克,而第9个砝码只有$280\frac{3}{4}$克!"

"是啊,迈克,而我们在找那个假砝码时只能用这个称。如果我们一次称2个,问题就简单了,我们就可以找到那个假砝码。但是,爸爸说我们只能称2次。现在该发挥你过人的直觉了!"

(答案在121页)

29 钓鱼

加尔文、怀利、埃米特和昆廷寄宿在马·博斯科姆斯公寓。他们一起到莫兰河钓鱼,一共钓了 10 条鱼。当他们把鱼交给玛让她放在冰箱时,她注意到:

(1)加尔文钓的鱼比昆廷多。

(2)怀利和埃米特两个人钓的鱼与加尔文和昆廷钓的鱼一样多。

(3)加尔文和怀利两个人钓的鱼比埃米特和昆廷两个人钓的鱼少。

那么,你能否根据以上事实计算出他们每个人各钓了几条鱼吗?

(答案在 122 页)

30 跨栏

欢迎参加"跨栏迷宫"大赛。为了完成比赛,选手必须找出最短的路线并且跨过偶数数量的跨栏。同时,所跨栏上的数字相加必须是最大值。右图中每个正方形盒子各代表一个跨栏。

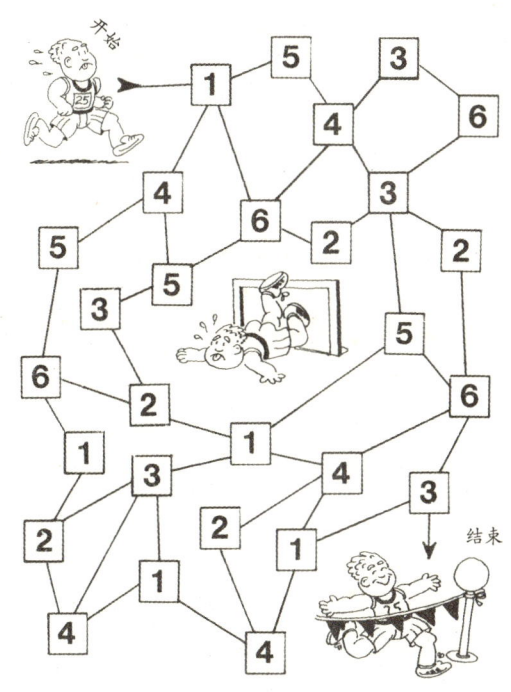

(答案在122页)

31 书法

行走满天下,羽翼丰满时!这是 20 世纪一位自由速记员——内尔·库克的座右铭。库克女士随时做好记录任何听写任务的准备,为了磨炼自己的书写技巧,她每天都会进行练习。其中就包括用一笔连续画出左图所示的 4 个完整的圆圈,而且它们不会在任何地方交叉。你知道她是怎么一笔画出来的吗?

(答案在 122 页)

世界上令人难以置信的思维游戏

01 木匠活

下图展示了胶合板的切法以及3块板的拼法。

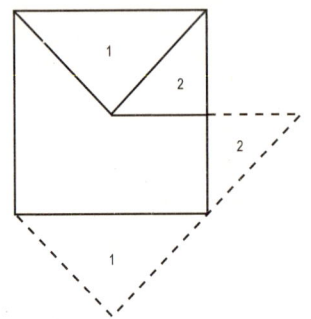

02 房地产

下图是西德尼想出来的解决方法。

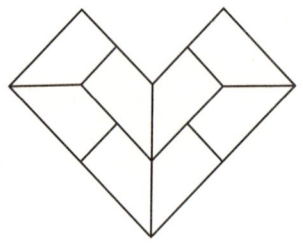

03 火柴(1)

如果把火柴摆成一个三角形,那么,这个三角形的面积就是6个平方单位。如果把虚线上的3根火柴改变一下位置,那么,会去掉2个平方单位的面积。这样,剩下的图形的面积就正好是4个平方单位。

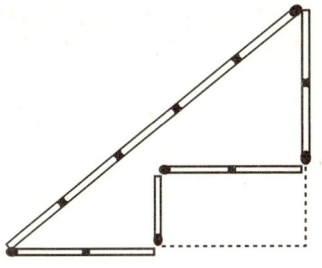

04 石碑

正方形的总数为 31。其中，小正方形有 16 个；由 4 个小正方形组成的正方形有 9 个；由 9 个小正方形组成的稍大一些的正方形有 4 个；碑中央的菱形正方形有 1 个；整个瓦石碑构成一个大正方形。

05 小正方形

从一个边上的两个角上取下 4 根牙签，然后从这个边对面的边的中间再取下一根牙签。

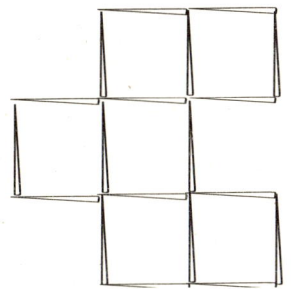

06 财宝

在这个递进关系中，每一袋里的硬币都比它前一袋的硬币少。每一袋里的硬币数都是第一袋里的硬币数（即 60 枚硬币）与那袋的序数比。

第1袋 = 60枚硬币
第2袋 = 30枚硬币 ($\frac{1}{2}$)
第3袋 = 20枚硬币 ($\frac{1}{3}$)
第4袋 = 15枚硬币 ($\frac{1}{4}$)
第5袋 = 12枚硬币 ($\frac{1}{5}$)
第6袋 = 10枚硬币 ($\frac{1}{6}$)

07 中世纪

完整的算式应该是:

```
      1 1 7
×     3 1 9
    1 0 5 3
      1 1 7
    3 5 1
   3 7 3 2 3
```

08 神奇的"Z"

图1中展示了切割线,图2展示了这3块是如何在重组后形成一个正方形的。

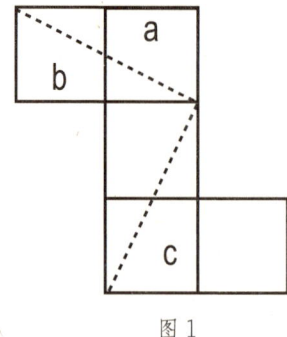
图1

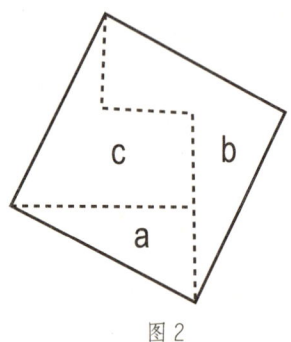
图2

09 玩具

加尔文为每辆拖拉机花了 60 元,为每辆挖土机花了 15 元,为每辆卡车花了 5 元。这样,第三堆玩具一共花了 950 元,第四堆玩具共花了 80 元。

10 魔法硬币

先将 3 号和 4 号硬币翻面,然后将 4 号和 5 号硬币翻面,最后将 2 号和 3 号硬币翻面。

11 鸡

答案是 24 个鸡蛋。一只鸡一天下 $\frac{2}{3}$ 个鸡蛋,所以,6 只鸡一天下 4 个鸡蛋,那么 6 天就下 24 个鸡蛋。

12 重量

盒子 1 的重量是 $5\frac{1}{2}$ 千克;
盒子 2 的重量是 $6\frac{1}{2}$ 千克;
盒子 3 的重量是 7 千克;
盒子 4 的重量是 $4\frac{1}{2}$ 千克;
盒子 5 的重量是 $3\frac{1}{2}$ 千克。

13 第一

这两个数分别是 11 和 1.1。这两个不论相加还是相乘,结果都是 12.1。

14 加法(1)

答案如下:

```
  1 X X        1 0 0
  3 3 X        3 3 0
  5 X 5        5 0 5
  X 7 7        0 7 7
+ X 9 9      + 0 9 9
  1111         1111
```

15 正方形

右图正好有 100 个正方形,它只用 15 条直线就画出来了。其中,一个格的小正方形有 40 个,由 4 个小正方形组成的正方形有 28 个,由 9 个小正方形组成的正方形有 18 个,由 16 个小正方形组成的正方形有 10 个,由 25 个小正方形组成的正方形有 4 个。

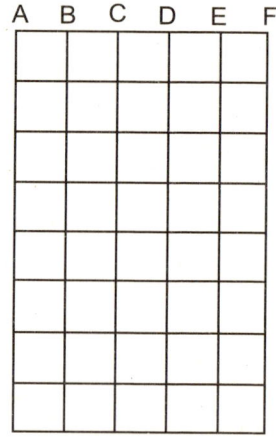

16 女巫

他说的这句话是"你还是把我喂蝙蝠吧"。如果他说对的话,他会被榨成油;如果他说错的话,他会被喂蝙蝠。但是,找到正确的处罚却是不可能的,所以女巫的计划落败。

17 路线

奥托在开始新一轮骑车路线之前将走整整 70 条不同的路线。

18 桥牌

迪尔德丽和贺瑞斯是一对,伊莫金和克劳德是一对,爱利卡和塞尔温是一对。

19 数字游戏

这是个难题,但是它却有不止一个答案。下面是我们所知道的一个答案:

$33 + 33 + 33 + (\frac{3}{3})3 + 3 \times 3 + 3 \times 3 = 27 + 27 + 27 + 1 + 9 + 9$
$= 100$

20 生日

他的生日是12月31日。图中的古特洛克斯先生自言自语的这一天是1月1日。两天前(即12月30日),他是54岁;第二天(即12月31日),他55岁;到新年的年底时,他56岁;那么,明年他就57岁了。

21 禁酒时期

斯威夫特是按如下方式分配酒的:
萨尔的酒吧获得8箱——比汉拉迪的酒吧多2箱;
汉拉迪的酒吧获得6箱——比荷兰人的咖啡厅多2箱;
荷兰人的咖啡厅获得4箱——比埃德娜的海德威酒吧多2箱;
埃德娜的海德威酒吧获得2箱——比萨尔的酒吧少6箱。

22 讨论会

以下是我们知道的两个答案:

```
  24794      36156
 -16452     -28693
  ─────     ──────
   8342       7463
```

23 新式计算机

答案是 301。

24 啤酒

布伦希尔德一天可以喝:

$$\frac{1}{14} - \frac{1}{20} = \frac{20}{280} - \frac{14}{280}$$
$$= \frac{6}{280}$$
$$= \frac{3}{140}$$

布伦希尔德一天喝 $\frac{3}{140}$ 桶的啤酒。140 除以 3,得出 $46\frac{2}{3}$ 天,即布伦希尔德自己喝光一桶啤酒所用的天数。

25 设计图

答案如下图所示:

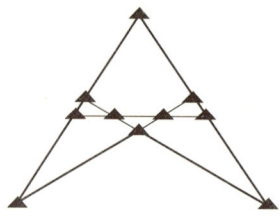

26 剪正方形

下页图就是我们所知道的解决方案:

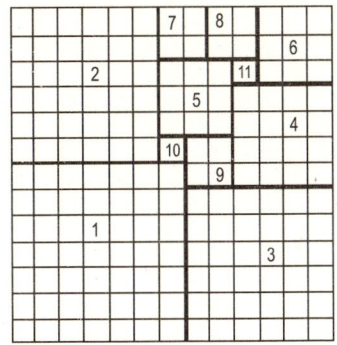

27 黑白筹码

将2号和3号筹码移到方格9和10；将5号和6号筹码移到方格2和3；将8号和9号筹码移到方格5和6；将1号和2号筹码移到方格8和9。

28 八角星魔方

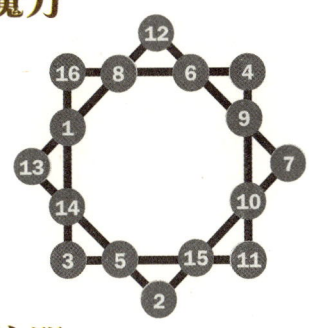

29 啤酒搅拌器

答案为：

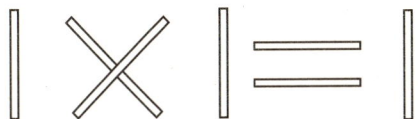

世界上超复杂的思维游戏

01 数学符号

这个题不止有一个答案,下面是其中之一:
123 - 45 - 67 + 89 = 100

02 螺钉

不管朝哪个方向旋转,两个螺钉头总是保持相同的距离。

03 巧克力

A 份可以单独作为正方形,2 个 B 份拼在一起成为第 2 个正方形,2 个 C 份可以组成第 3 个正方形,4 个 D 份可以构成第 4 个正方形。

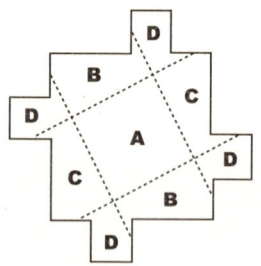

04 火柴(2)

从右上角和左下角分别拿走 2 根火柴,然后再从表格里面拿走 4 根火柴。那么,现在图中就有 2 个大正方形和 1 个小正方形,一共有 3 个正方形。

05 连线

要解决这个题,直线开始和结束的地方必须是直线的 3 个部分的连接处。在下面的图中,这几个连接处是莎翁右眼的上面、与他衣领和头发相邻的左肩。

06 幻方

下图所示答案是将数字放在正方形边周围的一种方法。

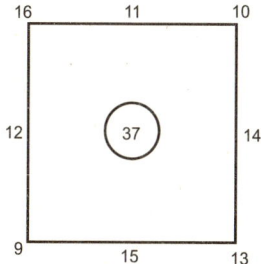

07 A 和 K

这 8 张扑克牌在这副扑克中的放置顺序为 A-K-K-A-K-K-A-A。当然,这副扑克牌的正面是朝下的。

08 书

拿一个结实的纸袋子放在桌子上,使开口的那边悬在桌边。接着,把这两本书放在袋子的另一边。现在,你要做的就只是往袋子口里吹气,但是袋子要贴紧嘴巴,保证不漏气。只要使劲吹两下,书肯定会倾斜并翻倒。

答 案

09 牙签

将原图中最右边的 3 根牙签移到下图中的新位置上，这样，图中就有 9 个小正方形、4 个由 4 个小正方形组成的中等正方形以及 1 个由 9 个小正方形组成的大正方形，一共是 14 个正方形。

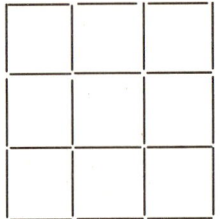

10 三明治

满足条件的三明治的总数为 121。

11 赛马

下图中的答案只是众多方案中的一个：

6	5	4	3	2	1
5	3	1	6	4	2
4	1	2	5	6	3
3	6	5	2	1	4
2	4	6	1	3	5
1	2	3	4	5	6

12 手表(1)

如果这3块手要再次在中午显示正确时间,那么,每天慢1分钟的那块表必须等到它慢24小时中的12个小时,而每天都快1分钟的那块表必须等到它快24小时中的12个小时。以每天1分钟的速度,那么这3块表要过整整720天才能再次在中午显示正确时间。

13 千禧年

因为,正方形正中央的4个数字以及四个角的数字相加的结果也是2000。同时,每个象限的4个数字相加的结果都是2000。另外,还有两组数字的相加结果等于2000,那么,就看你能不能找到了。

499	502	507	492
506	493	498	503
494	509	500	497
501	496	495	508

14 装饰品

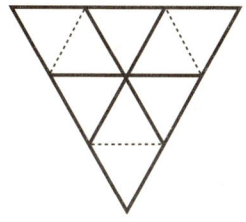

图中虚线所示的3根棍子就是应从图形上拿走的棍子。这之后图形上就剩下3个小三角形、3个中型三角形以及1个包括所有三角形

的大三角形。毕竟，这位女士并没有指明这7个三角形必须一样大。

15 狗窝

图中虚线已经将所要移动的火柴说清楚了。

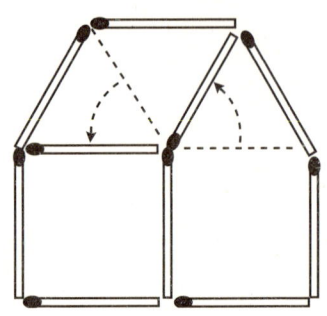

16 圣诞节

在圣诞节这一天，巴顿是8岁、温德尔是5岁、苏珊是3岁。

17 魔力壶

因为有35个头，所以最少有70条腿（每只鸡都有两条腿）。农夫说一共有94条腿，这就是说额外有24条腿。将额外的腿数除以2得出12，即兔子笼中四条腿的动物的个数。我们知道兔子有12只，所以另一个笼子里就有23只野鸡。

18 圣诞老人

拿起笔和尺子，将正方形画成25个小正方形（如图1所示）。再将正方形切成4块（沿着深色线切），把这4块标成1至4部分。如果你按照图2和图3将这4部分重新拼的话，那么，你会拼成2个正方形，而每个正方形都各有一个完整的圣诞老人。

19 五角星游戏

这是我们知道的一个解答这个题的办法。

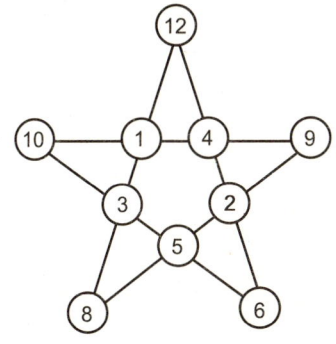

20 固体

这6个固体为:(1)球;(2)圆锥体;(3)圆柱体;(4)三棱锥;(5)四棱锥;(6)立方体。

21 苹果

塞从筐里拿出苹果,然后分给前5个儿子每人1个苹果。这时,筐里只剩下1个苹果。塞接着把筐连同苹果一起给了第6个儿子。正如题中所说的,塞把6个苹果平分给了他的儿子,这时筐里只剩下1个苹果。

22 画像

答案如下图所示：

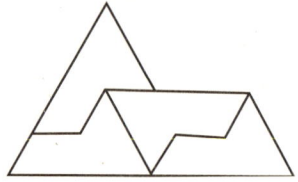

23 跳跃(1)

第一个冲过终点的是小青蛙。当它们到达橡树时，青蛙跳了7次，正好到达橡树，而蚱蜢在跳第5次时却超出了1米。这时，它转身往回跳。由于蚱蜢每跳3次，青蛙就可以跳5次。所以，青蛙当然会轻松击败蚱蜢。

24 圣诞节长袜

大的长袜里有54个玩具，小的长袜里则有45个玩具。54正好是45的翻版。2个袜子里的玩具总和为99，其$\frac{1}{11}$为9，即2个长袜里玩具个数的差。

25 钉子

如果将下图中虚线所示的钉子拿走的话，那么将有5个小正方形和1个大正方形，一共是6个。

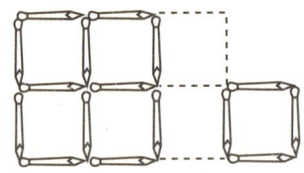

26 号角民谣口琴

下图中的答案是解决这个题的方法之一。

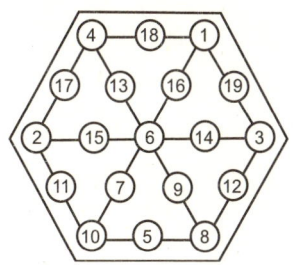

27 加法(2)

在答案中,两个数位上的数字组成了一个奇数:13 + 3 + 3 + 1 = 20(注意:13 是由两个数位上的数字组成的)。

28 晚宴

```
    759
     75
 + 629
  1463
```

29 为难人的扑克牌

这个题有几种排列方式,下图中的答案是其中之一。

30 迷宫

答案如下:

31 字典

答案如下:

①对应的是 E;②对应的是 H;③对应的是 B;④对应的是 M;⑤对应的是 N;⑥对应的是 I;⑦对应的是 F;⑧对应的是 D;⑨对应的是 K。

32 午餐托盘

"大块儿头"马修斯第一趟拿了 54 个托盘,第二趟拿了 45 个托盘。54 的 $\frac{2}{3}$ 等于 36,而 36 是 45 的 $\frac{4}{5}$。

33 勘测员

画一条线将点 A 和点 D 连接起来,点 D 是线段 CE 的中点。这就出现一个三角形 ABD,它是以线段 AB 和线段 BD 为边的矩形的一半。这样,这块土地就被平分成了两部分。

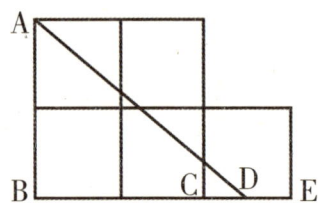

世界上打破思维定式的思维游戏

01 硬币

将手指按在顶部中间那枚硬币上,然后向上滑动,再向左滑。接着,将硬币沿着左列硬币向下滑动。最后滑到底部中间硬币的下面。现在将中间那列硬币整体向上推,直到每行再次有3枚硬币。此时,你会发现每一行的硬币或者全是正面或者全是背面。在整个移动的过程当中,你的手只接触了一枚硬币。

02 纸张

准备一张硬纸,按下图的样子将它剪三下,每次剪到纸张的中间部位。将内折边A沿着中间线折起来,使它与BB边垂直。将C边旋转180°。接着,将这张纸放在桌子上面。这时,你会发现这个著名的"看似不可能的纸张"已经完成了。

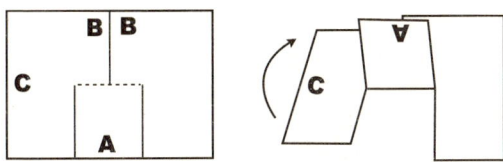

03 考古

这个题的答案与题本身一样,都有很长的历史了……即:人。当人是婴儿的时候,人四肢着地;壮年时,人用两条腿走路;年老时,人走路就需要拐杖帮忙了。

04 撞钟人

10点时,两个修士撞钟需要 $56\frac{1}{4}$ 秒。下面解释一下钟是如何工作的：5点时，撞5次钟，1至5次有4个间隔。所以，用总时间25秒除以4，得出每次间隔需要的时间，即$6\frac{1}{4}$秒。现在，撞10次钟，1至10次有9个间隔。这样，我们再用9乘以$6\frac{1}{4}$，得出$56\frac{1}{4}$秒，即10点撞钟所需要的时间。

05 护身符

答案如下图：

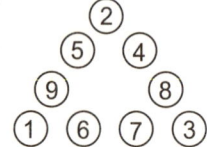

06 长袜

罗杰最少可以从抽屉里拿出3只袜子。如果前两只正好搭配，他不会有疑问；如果不搭配的话，那么第三只袜子必定与前两只袜子中的一只搭配。

07 朗姆酒

下面就是派斯特·皮耶应该做的：

（1）将3升的罐子倒满酒，然后，把酒倒入5升的桶中。

（2）将3升的罐子重新倒满酒，然后，再倒入5升的桶中，倒满为止。

（3）3升的罐子这时剩下1升的酒。然后，把5升桶中的酒倒回朗姆酒桶；接着，把3升的罐子里剩下的1升酒倒进去。

（4）将3升的罐子重新倒满酒，然后倒入5升的桶内。这时，桶内正好有比利·伯恩斯想得到的4升酒，即他此次想要购买的酒。

08 爱丽丝

爱丽丝问："如果我要是昨天问你们'哪条路通向麦德·哈特

家?'的话,你们的答案是什么呢?"

对于这个问题,说实话的那个人仍会说出正确的答案。但是,那个说谎话的人会再次撒谎,但是那天他也在撒谎,所以,他的谎话在抵消后也是正确的道路。

09 海马

正确的移动步骤如下:2号移到1号、5号移到2号、3号移到5号、6号移到3号、7号移到6号、4号移到7号、1号移到4号、3号移到1号、6号移到3号、7号移到6号。这样,6只海马互换了位置,最后7号位置是空的。

10 关系

这幅画中的人是买这幅画的先生的儿子。

11 手表(2)

答案如下图所示:

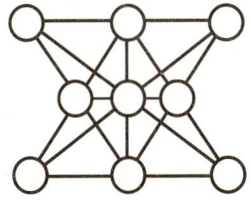

12 竞赛

答案如下图所示:

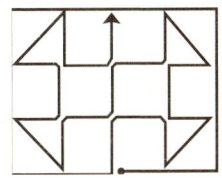

13 靶子

亚历山大和他的妹妹西比拉的得分如下：两箭射中 25 环、两箭射中 20 环、两箭射中 3 环。

14 欺骗

奈德损失了整整 14 元。那筐高尔夫球的成本是 6 元，他又给了那位先生 8 元。

15 果园

答案如下图所示：

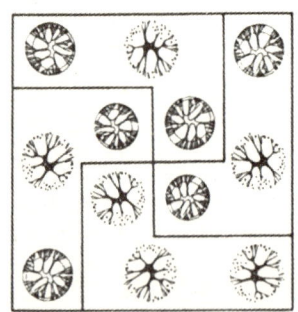

16 纽扣店

答案如下图所示：

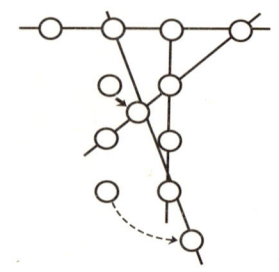

17 图形

每个图形都代表一个数字。第一个图形里有三个圆圈,我们可以得到数字 3;第二个图形里有一个三角形,我们可以得到数字 1;其余的图形依次可以得到数字 4、1、5、9,即前 5 位数字。所以,接下来的 3 个图形应依次是 2 个嵌套的圆圈、6 个嵌套的三角形、5 个嵌套的正方形。

18 箭轮

这 9 个轮中除了最底行中间的那个之外,其他都是同一箭轮经旋转或反射所得。

19 农夫

农夫先圈出 3 块地,并在每块地里圈 3 头小母牛;然后,他们再把这 3 块地圈起来,圈出第 4 块地。这样一来,每块地都有奇数数量的小母牛。

20 河流

最好的计算方法就是从哈比的有利位置考虑问题:首先他离开帽子航行了 5 分钟,然后转身向回航行了 5 分钟并把帽子捡起来。在这个过程当中,帽子以水流速度在下游漂流了 1 千米,由于帽子用了 10 分钟漂流 1 千米,所以我们依此计算得出河流的水流速度是 6 千米/小时。

21 跳跃(2)

第一步将 9 号正方形内的棋子依次从下面正方形跳过,13 号、

14号、6号、4号、3号、1号、2号、7号、15号、17号、16号和11号,然后将被跳过棋子全都拿走;第二步将12号正方形内的棋子从8号正方形跳过;第三步将10号正方形内的棋子从5号和12号正方形跳过;最后一步将原来9号正方形内的棋子从原来10号正方形内的棋子上跳过,这样,原来的9号棋子就回到了最初跳到的地方。

22 圆圈

内圈的数字是5、6、7、8,这4个数字相加的结果等于26。而外圈的数字是1、2、3、4、9、10、11、12,它们相加的结果等于52,正好是内圈数字相加结果的2倍。

23 公寓

因为出租车司机从没看过棒球比赛,所以他肯定是威廉姆斯先生。因为爱德华兹先生从来没听说过集邮,所以他肯定不是集邮者。这样,这3个人的职业就是:威廉姆斯先生是出租车司机;爱德华兹先生是司炉工;巴尼特先生是面包师。

24 合理安排

要解决这个难题,施工人员必须先安装其中的一条水管道,该管道应该从水厂出来然后经过1号房子的下面到达3号房子。这条管道完成之后,其余的就容易解决了。

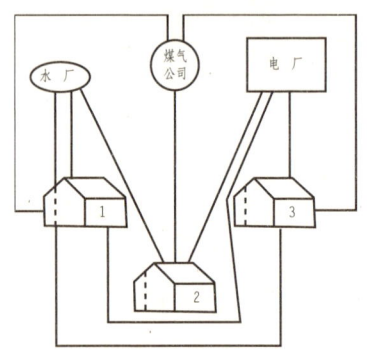

25 速度

莫里提行走的总路程除以总时间就是答案所要的平均速度。假如老秃山每个山坡从底部到顶部的距离都是 20 千米，那么莫里提上山会用 2 个小时、下山会用 1 个小时。由于返回去所用的时间也是 3 个小时，所以整个路程就用了 6 个小时。在这个时间之内，他一共走了 80 千米的路。这样，平均速度就等于 80 除以 6，即 $13\frac{1}{3}$ 千米 / 小时。

26 置换

按照下面的步骤移动就可以获胜：2 号移到 1 号、6 号移到 2 号、4 号移到 6 号、7 号移到 4 号、3 号移到 7 号、5 号移到 3 号、1 号移到 5 号。

27 砖墙

ab 墙和 cd 墙的长度相等。如果沿着虚线 1 将 cd 墙切开并将上面那部分向下移动到虚线 2，那么我们会得到与 ab 墙尺寸、形状相同的砖墙。很明显，两面墙的用料都相等，因此花费也相等。这样，邓布迪先生和泥瓦匠都错了。

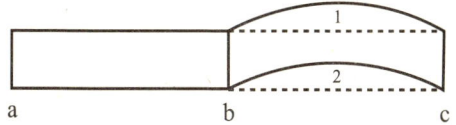

28 假砝码

首先，他们把 9 个砝码分成 3 堆、每堆 3 个砝码。然后把其中的两堆放在秤上、一边一堆。如果两堆中有一堆向上升，那么那个假砝码肯定在这堆砝码里；如果两边保持平衡，那么那个假砝码肯定在第三堆砝码里。无论哪种情况,琳达和迈克在称了一次后就知道假砝码在哪一堆里。称第二次时,他们从放有假砝码的那堆砝码里挑出两个砝码,然后把它们放在秤上、一边一个。如果称两边保持平衡,那么第3个砝码就是假砝码;否则,向上升的那个砝码就是他们要找的。

29 钓鱼

他们分别钓了:埃米特4条鱼、加尔文3条鱼、昆廷2条鱼、怀利1条鱼。

30 跨栏

在找出最短的路线的同时要跨过12个跨栏,即偶数数量的跨栏。虽然有很多包括12个跨栏的路线,但是我们要找出数字相加为最大值的那条路线。最大值是36,那条路线就是图中用虚线标出的路线。

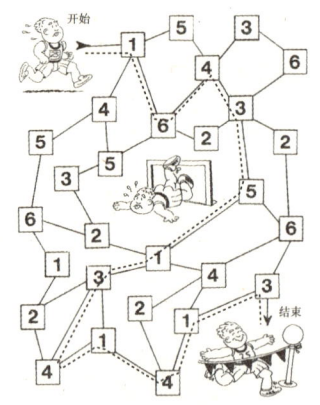

31 书法

下图展示了内尔的有趣练习。

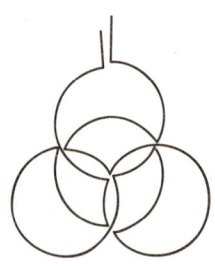